공허함

Originally published in English under the title
EMPTY

by Cherie Hill

Copyright ⓒ 2012 by Cherie Hill

17087 Blue Mist Grove, Monument, CO 80132, U.S.A.

All rights reserved.

Korean Translation Copyright ⓒ 2016 by Kyujang Publishing Company

본 저작물의 한국어판 저작권은 저작권자와 독점 계약한 규장 출판사에 있습니다.
신 저작권법에 의하여 한국 내에서 보호를 받는 저작물이므로 무단 전재와 무단 복제를 금합니다.

체리 힐

규장

예수님, 저를 우물가에서 깊이 만나주신
주님의 사랑에 감사드립니다.

차례

01 목마른 인생 ··· 009

02 공허한 이유 ··· 033

03 우물가의 여인 ··· 063

04 깊이 파헤치기 ··· 089

05 영혼의 우물 파기 ··· 127

06 믿음으로 걷기 ··· 161

07 생수의 본질 ··· 183

chapter 01

목마른 인생

○

공허함.
모든 것을 썩 잘 요약하는 단어다. 아닌가?
인생의 시련 앞에 할 말을 잃을 때, 이를테면 갑자기 일자리를 잃거나, 암 진단을 받거나, 배우자가 이런저런 중독에 빠져 자제력을 잃고 엉망으로 살거나, 장애가 있는 자녀의 특별한 필요 때문에 자녀를 가졌다는 기쁨에 흠집이 생겼다는 것을 깨닫거나, 방탕한 자녀가 깜깜무소식으로 행방불명이거나, 수십 년을 같이 산 배우자가 갑자기 결혼생활을 끝내겠다고 하거나, 금전적 손실로 모든 꿈을 잃고 절망에 내몰리거나, 매일 정서적으로 신체적으로 학대당하는 일을 피할 수 없는 상황이거나, 죽음이 맹렬하게 달려드는데도 해결책이 없을 때, 이런 때는 달리 표현할 말이 없는 듯 보이지만,

그런 느낌을 표현하기 위해 언제라도 달려가 붙들 수 있을 만큼 가까이 있는 단어가 바로 '공허한'(empty)이라는 표현이다.

공허하다는 단어가 인생의 시련 앞에 할 말을 잃을 때의 느낌을 표현하기에 적합하기는 해도, 그렇게 느끼는 우리 영혼 깊은 곳의 상태를 설명하기에는 턱없이 모자란다. 순간(moments)과 시간(hours)과 날(days), 그리고 해(year)로 이루어진 인생은 우리 내면의 숨겨진 심연에서 솟아난다. 그 깊은 곳은 우리에 관한 사실을 우리의 의도보다 더 많이 드러낸다. 겉으로 나타나는 일을 주목해서 보면 안에서 어떤 일이 일어나는지도 꿰뚫어 볼 수 있다. 그런데 우리의 현실은 무엇 하나 좋아 보이는 게 없다. 우리는 절망할 때 가장 절실하게 필요하다고 여기는 욕구들을 채워 만족하고자 애쓰지만, 그 무엇으로도 그치지 않는 갈증을 풀지 못한다.

그래서 '공허하다'는 것이 완전히 새로운 의미를 갖는다. 우리 삶의 환경이 "공허하다"는 단어를, 사전은 다음과 같이 정의한다.

- 아무것도 담고 있지 않음
- 무언가가 점유하거나 거주하지 않음
- 실체나 알맹이나 의미나 가치가 부족함
- 목적이 없음

사전이 잘 정의한 듯 보인다. 그러나 사전은 그 단어의 진짜 의미를 여러 가지 면에서 완벽하게 설명하지 못한다. 우리는 인생이 어렵고(hard) 아프다(hurt)는 냉엄한 현실을 마주하고 살아간다. 우리는 인생이 공평하기 원한다. 그러나 현실적으로 그렇지 않다는 것을 잘 안다. 우리가 견디기 힘든 공허함으로 고통의 구렁텅이에 던져질 때에도 인생은 결코 시간을 허비하지 않는다. 상상하기 어렵겠지만 육체의 고통을 견디는 것이 계속되는 외로움, 거절의 상처, 손실, 실패의 고통을 견디는 것보다 쉬울 때가 있다. 육체적 고통이든 정서적 고통이든, 고통은 계속해서 이렇게는 살 수 없다고 확신하기에 이를 정도로 우리의 영혼을 텅 비우곤 한다. 그리고 영혼 깊은 곳으로 내려가 모든 것을 의심하기 시작한다.

왜 목마르지?

공허함 때문에 우리 영혼은 메마른다. 중압감을 이기지 못하고 쓰러질까 봐 걱정하지 않아도 된다. 이미 무너졌기 때문이다. 그럴 때 우리는 우리의 생명이 쏟아져 나가고 있다는 것을 발견한다. 하나님과의 개인적인 관계(personal relationship)라고 부르는 것의 남은 조각들을 힘겹게 주워 모으더라도 믿음과 전혀 무관한 듯 보인다.

'하나님이 정말 나에게 개인적인 관심을 갖고 계신 분이라면 내가 이렇게 고통스러운데 지금 어디에 계실까? 나를 절대 버리지 않고 떠나지 않겠다고 약속하셨는데, 이미 떠나시고 버리신 것처럼 보이는 이유는 무엇일까?'

우리는 공허함을 느낄 때 내 믿음이 지금까지 무슨 의미였는지 의아해한다.

'내가 진짜로 믿은 건가? 다른 사람들은 믿음이 있는 것 같은데 나는 왜 없지?'

이런 고통스러운 질문들이 영혼에 홍수처럼 밀려오면 텅 비어 있다는 느낌이 더 깊이 든다. 진실을 말하자면 우리는 아픔을 싫어한다. 고통은 우리의 적이다. 그러나 인생은 흔히 우리의 소망을 무시하고, 우리 힘으로 채우지 못하는 공허함을 겪도록 강제로 찍어 누른다. 우리는 시련으로 고통당할 때 영혼의 괴로움을 달래거나 없애고자 무슨 일이든 다 하려고 한다.

사실 지금까지 하나님의 말씀을 곧이곧대로 믿으며 살아왔으면서도, 막상 고통을 마주하면 하나님을 믿기가 쉽지 않다는 사실을 깨달으며, 하나님이 주신 오감(五感)으로도 하나님을 전혀 느끼지 못하는 것 같다. 인생의 고통을 마주하면 자신도 모르게 존 업다이크(John Updike, 미국의 작가)의 소설 《A Month of Sundays》에 등장하는 인물이 했던 말과 비슷한 말을 한다.

"나는 믿음이 없어. 아니 좀 더 정확히 말해서, 믿음이 있지만 적합한 믿음은 아닌 거 같아."

인생의 시련으로 고통당할 때 우리는, 우리의 믿음은 지금까지 상상했던 어떤 방식보다 더 애타게 목말라한다. 탈수 상태에 빠진다. 뿐만 아니라 실낱같은 어떤 희망이라도 얻고자 하는 허망한 꿈조차 꾸지 못한다.

하나님이여 주는 나의 하나님이시라
내가 간절히 주를 찾되
물이 없어 마르고 황폐한 땅에서
내 영혼이 주를 갈망하며
내 육체가 주를 앙모하나이다…
나의 영혼이 주를 가까이 따르니
주의 오른손이 나를 붙드시거니와

시 63:1,8

시편 63편은 정말 강력한 내용이다. 고통당할 때 얼마나 열정적으로 하나님을 찾으며 사모해야 하는지 뒷받침해주는 견고한 근거이다. 그러나 시편 63편은 우리가 아무리 애를 써도 해결할 수 없는 갈증을 풀려고 하기 때문에 결코 만족하지 못하리라는 점 또한 암시한다. 사실 우리가 만족하기 위해 노력하는 만큼 영원히 채워지지 않는 목마름을 오히려 더 부채질한다.

이 '목마름'이라는 개념을 간과한다면 우리의 믿음은 먼 길을 돌아가기도 한다. 우리의 영혼이 다 쏟아져나가고 삶의 고통으로 텅 비는 동안, 우리는 구세주의 말씀 때문에 낙담한다.

내가 주는 물을 마시는 자는
영원히 목마르지 아니하리니
내가 주는 물은
그 속에서 영생하도록 솟아나는 샘물이 되리라

요 4:14

우리는 믿음을 가지라고 스스로 격려하리라 마음을 단단히 먹고 부족한 부분을 채우려고 노력하면 할수록 오히려 더 공허함을 느낀다. 주님의 말씀이 우리 영을 계속 괴롭히기 때문이다. 예수님은 채워주시겠다고 말씀하셨다. 그러나 우리는 완전히 공허하다. 의심이 고개를 들고 반론을 펼치기 시작한다.

'하나님의 말씀은 진리가 아니야. 절대 목마르지 않을 거라고 말씀하셨는데 상상했던 것보다 더 공허하고 목마르잖아!'

믿음으로 걷고 있는데

왜…

목마르지?

하나님은 어디 계시지?

하나님께서 자신의 일을 끝까지 잘 해내고 계신 것 같지 않다. 인생이 흐트러질 때 우리는 믿음으로 잘 이겨내리라 예상한다. 그러나 막상 고통을 당하면서 속으로 곰곰이 따져보면 전혀 생각지 못한 곳에 도착한다. 불신앙으로 가득한 곳이다. 모든 상황이 가리키는 것들을 종합해보면 결론은 자명해 보이고 믿음은 그 불신앙의 결론에 어떤 말로도 맞서지 못한다.

우리가 영적인 집을 잘 정리할 때 우리는 죽음을 맞게 될 것이다. 이런 일은 계속된다. 당신이 스스로 길을 찾을 수 있는 충분한 확실성에 도달한다 해도 그런 확실성은 어둠에 이르고 만다. 믿음이 당신을 위해 모든 일들을 말끔히 해결해줄 것이라고 기대하지 말라. 믿음은 신뢰이지 확실성이 아니다.

● 플래너리 오코너(Flannery O'Connor)

우리가 결코 목마르지 않을 거라고 예수께서 분명히 약속하셨는데, 왜 목마를까? 우리가 절대 목마르지 않을 거라고 예수께서 분명히 말씀하셨는데, 왜 예수님의 마지막 말씀들(His last words) 중 몇 마디가 온 역사를 통해 계속 울려 퍼질까?

내가 목마르다
요 19:28

생수(Living Water, 문자적인 의미는 '살아 있는 물'이다. - 역자)이신 예수님은 우리의 공허함을 아신다. 우리 죄를 짊어지셨기 때문이다. 죄는 우리를 하나님으로부터 분리한다. 인생길을 걷다보면 자신의 잘못이든 다른 사람의 잘못 때문이든, 죄의 고통을 충분히 알게 되는 일이 일어날 것이다. 우리가 목마르고, 살아갈 힘마저 잃었다는 것을 알게 될 것이다.

내 힘이 말라…
시 22:15

우리가 이 세상에서 겪는 고통은 예수님의 십자가 고난에 감히 어깨를 겨누지 못하는데도, 우리는 그 사실을 우리 영혼에 단순하게 납득시키지 못하는 것 같다. 지금 이 세상의 압도적인 공허함이 예수님의 십자가 고난에 맞먹을 만큼 고통스럽다고 느껴진다. 우리는 목말라한다. 그리고 그 이유를 궁금해한다.

하나님이여 주는 나의 하나님이시라
내가 간절히 주를 찾되
물이 없어 마르고 황폐한 땅에서
내 영혼이 주를 갈망하며
내 육체가 주를 앙모하나이다

시 63:1

공허함을 느낄 때 우리는 가득 채워지기를 갈망하지만 그것을 방해하는 것처럼 보이는 단순한 요소가 있다. 믿음이다. 우리는 궁금증을 피하지 못한다.

'믿음으로 걷고 있는데 왜 목마르지? 왜 무거운 짐을 지고

가야 하지? 내 영혼이 끝없이 절망하면서 바싹 말라가는데 하나님은 어디 계시지?'

다윗의 시편은 고통의 날들을 겪는 우리 일기(daily journal)의 내용이 될 만하다. 시편 42편에 기록된 다윗의 목마름이 38편에서는 심각한 탈수중이 된다. 우리는 이런 다윗의 심정에 공감한다.

> 내가 아프고 심히 구부러졌으며
> 종일토록 슬픔 중에 다니나이다…
> 내가 피곤하고 심히 상하였으매
> 마음이 불안하여 신음하나이다…
> 내 심장이 뛰고 내 기력이 쇠하여
> 내 눈의 빛도 나를 떠났나이다
>
> 시 38:6,8,10

우리의 믿음은 시냇물을 찾기에 갈급한 사슴과 같이(시 42:1) 어느 때보다 더 깊은 목마름에 빠져든다. 그러나 그렇게 목말라할 때 믿음이 다 쏟아져나가고, 그러면 자기도 모르게 '믿음의 거짓말'(the faith lie)을 믿게 된다.

믿음의 거짓말

우리는 믿음의 거짓말을 들어보았다. 아마 그 거짓말을 믿기도 할 것이다. 어쩌면 그 거짓말에 믿음을 걸었는지도 모른다. 인생의 한가운데서 공허함을 느끼고 절망하는 이유가 그래서인지 모른다. 다음과 같은 짤막한 문장이 바로 믿음의 거짓말이다.
"하나님께서는 우리가 감당할 수 있는 그 이상의 것을 절대 주지 않으실 것이다."
좋은 말처럼 들린다. 심지어 고통당할 때 내일 하루를 더 버틸 수 있는 소망과 힘을 주는 것처럼 보인다. 그러나 하나님께서 우리가 감당할 수 있는 이상의 것을 절대 주지 않으신다는 말은 거짓말이다. 우리는 이 거짓말을 자주 들어보았다. 심지어 이 거짓말에 위로를 받고, 스스로 계속 격려하고, 이 거짓말이 진리라고 확신하는지도 모른다. 공허한 하루를 다시 맞이할 때 불안해하면서 절망하는 영을 안심시키는 말, 즉 내가 어떤 환경에 부닥치든지 하나님께서는 감당할 수 있는 이상의 것을 하게 하지 않으실 것이라는 거짓말을 믿으려고 애쓴다.

그런데 이것은 우리가 듣기 원하는 말일지 몰라도 우리가 꼭 들어야 할 말은 아니다. 우리에게는 진리가 필요하다. 비록 이 짧고 근사한 문장이 세대에 세대를 걸쳐 전해지면서 소망을 흘끗 보게 하는 결과를 남겼더라도, 이것은 성경에 있는 말이 아니다. 하나님께서는 우리가 감당할 수 있는 이상의 것을 주지 않겠다고 단 한 번도 말씀하지 않으셨다. 하나님께서는 언제나 사람들이 감당할 수 있는 그 이상의 것을 주셨다. 그것이 하나님께서 역사를 통해 분명하게 보여주신 사실이다.

"세상에서 가장 엄청난 거짓말이 뭐예요?"

소년이 물었다.

"인생의 어느 시점에 이르면 우리에게 일어나는 일들을 우리가 통제하지 못하고 운명이 우리 인생을 지배한다는 거지. 그게 바

로 세상에서 가장 엄청난 거짓말이야." *

● 파울로 코엘료(Paulo Coelho, 브라질의 작가)

믿음의 거짓말이 어디에서 유래되었고 원래 진리가 어떻게 왜곡되었을까? 믿음의 거짓말은 고린도전서 10장 13절에서 유래되었다.

사람이 감당할 시험밖에는 너희가 당한 것이 없나니

오직 하나님은 미쁘사

너희가 감당하지 못할 시험 당함을 허락하지 아니하시고

시험 당할 즈음에 또한 피할 길을 내사

너희로 능히 감당하게 하시느니라

고전 10:13

속으면 안 된다. 속았다가는 믿음이 약해질 것이다. 이

---

* 이것은 인간이 자신의 삶을 개척해야 한다는 의미이다. 반면 저자는 오직 하나님만 의지하도록 하나님께서 우리가 감당할 수 있는 그 이상의 시련과 고통을 허락하신다고 말한다. - 역자

구절은 '시험'(temptation)에 대해 말하고 있지 인생의 '고통'(troubles)에 대해 말하는 것이 아니다.

하나님께서 기적적인 방식으로 인간의 삶에 나타나신 모든 상황들을 성경에서 주목해보라. 그러면 하나님께서 언제나 사람들이 감당할 수 있는 이상의 고통을 주셨다는 사실을 발견할 수 있다. 하나님께서 사람들의 인생 가운데 나타나실 때는 늘 그렇다.

모세는 스스로의 힘으로 홍해를 가르지 않았다. 사자 굴에 던져진 다니엘은 잡아먹히지 않을 방도가 없었다. 어느 누가 맹렬히 타는 풀무불 가운데로 걸어다니며 멀쩡히 살아남을 수 있을까? 골리앗은 다윗을 때려잡을 만큼 강했고, 물고기 배 속에 들어간 요나는 죽은 목숨이나 다름없었다. 제자들은 갈릴리 바다의 풍랑에 익사하기 직전이었으며 심지어 예수님도 십자가를 지고 걸어가시는 데 도움이 필요했다.

견딜 수 있는 능력 이상의 고통을 당한 사도 바울을 주목하면, 하나님께서 언제나 사람들이 감당할 수 있는 이상의 괴로움을 주셨다는 진리를 더 분명하게 볼 수 있다. 바울에게 배울 수 있는 점이 고린도후서 1장 8절과 9절 전반부에 나온다.

우리는 견뎌낼 수 있는 능력 이상으로
짓밟혔고 압도당했습니다.
그리고 그런 시련을 당하면서
절대 살아남지 못하리라고 생각했습니다.
사실 죽으리라고 예상했습니다.

고후 1:8,9, NLT 역자 사역

사랑의 하나님은 신실한 성도들에게 그런 괴로움을 허락하지 않으실 것처럼 보인다. 그러나 우리가 그렇게 잘못 생각하는 까닭은 단지 하나님의 방식을 이해하지 못하기 때문이다. 하나님께서는 신실한 성도들에게 감당하기 어려운 시련을 허락하셨다. 그것은 그들을 향한 하나님의 크신 사랑의 역사이다. 사랑의 하나님께서 왜 신실한 성도들에게 그런 일들을 허락하실까?

고린도후서 1장 9절 후반부에 답이 나온다.

그러나 그 결과, 우리는 자신을 의지하기를 중단하고
하나님을 의지하는 법을 배웠습니다.
하나님은 죽은 자를 일으키시는 분이기 때문입니다.

고후 1:9, NLT 역자 사역

하나님이 기대하시는 공허함

고통을 통한 목적이 있다. 공허함에 목적이 있다. 하나님께서는 하나님을 믿는 우리의 믿음을 통하여 역사하실 수 있는 일들을 드러내시려고 언제나 감당할 수 있는 이상의 어려움을 주신다. 자신을 텅텅 비워내고 오직 하나님만 의지해야 하나님께서 친히 가득 채워주실 수 있다. 하나님께서는 기도에 능력이 있다는 사실을 보여주고 싶어 하신다. 상상을 초월하는 이적을 일으키기 원하신다. 하나님의 능력(power), 임재(presence), 영광(glory)을 보여주고 싶어 하신다.
  우리 인생 가운데 우리 힘으로 감당할 수 없는 상황들이 없다면, 아마 우리는 하나님께 절대 구하지 않을 것이다. 그

우리가 하나님 없이
아무것도 하지 못하는 것

··· 그것이 하나님께서 원하시는 것

런 상황들이 없다면 기도할 필요조차 없지 않을까? 그런 상황들이 없다면 우리 자신의 홍해가 갈라지는 장관을 목격하는 기회를 절대 얻지 못할 것이다. 그런 기회를 놓치고 싶어 하는 사람이 있을까?

믿음을 잃지 않으려면 더 이상 거짓말을 믿어서는 안 된다. 이것이 결정적으로 중요하다. 진실을 말해보겠다. 만일 하나님께서 우리 힘으로 감당할 수 있는 일들만 허락하신다면, 우리는 하나님을 의지하는 법을 배우지 못할 것이고, 믿음의 발걸음을 내딛지 않을 것이고, 믿음이 성장하지 못할 것이다.

지금 감당하기 벅찬 상황을 마주하고 있는가? 그렇다면 당신이 하나님을 신뢰하는 것보다 하나님께서 훨씬 더 당신을 신뢰하고 계신 것이다. 하나님께서는 우리가 생각하는 것보다 훨씬 더 큰 믿음을 우리에게 주셨고 그 점을 명확히 알고 계신다. 믿음은 기쁨, 감당할 수 없는 실망, 슬픔, 기다림의 시간, 기약 없는 오랜 괴로움 등을 포함하는 여정이다. 이 점을 분명히 이해할 필요가 있다.

사실 인생의 위험을 제거하려고 아무리 많이 준비하고, 치

밀하게 대책을 세워도 우리는 그것을 결코 피하지 못한다. 그리고 믿음은 어렵다. 믿음에 관한 거짓말에 속아 하나님에게서 돌아서지 말라. 무엇보다 하나님을 당신 자신의 형상대로 만드는 것은 더 나쁜 일이다.

인생의 모든 장애물이 우리가 그것을 믿음으로 극복할 수 있도록 주신 하나님의 기회임을 알아야 한다. 믿음에 관한 거짓말을 떠나 더 큰 믿음으로 나아갈 때 우리는 하나님을 신뢰할 때 주시는 평안을 체험할 것이다. 예수님도 자신을 비위내셨다. 그렇다면 우리도 그런 태도가 믿음에 필요하다고 여겨야 한다. 그런 태도가 마치 인생에게 행하신 하나님의 가장 큰 실수라고 여기는 대신 말이다.

너희 안에 이 마음을 품으라
곧 그리스도 예수의 마음이니
그는 근본 하나님의 본체시나
하나님과 동등됨을 취할 것으로 여기지 아니하시고
오히려 자기를 비워 종의 형체를 가지사
사람들과 같이 되셨고

사람의 모양으로 나타나사

자기를 낮추시고 죽기까지 복종하셨으니

곧 십자가에 죽으심이라

빌 2:5-8

하나님의 목표는 우리가 하나님 없이는 아무것도 하지 못한다는 것을 알도록 이끄시는 것이다. 이는 우리를 예수 십자가로 데려가시는 것, 필요한 만큼 여러 차례 데려가셔서 하나님과의 관계를 삶의 원천으로 삼도록 하는 것과 관계가 있다. 우리가 공허함을 느끼는 때야말로 하나님께서 원하시는 때이다. 왜냐하면 우리가 그런 상황에 놓여야 비로소 하나님이 다른 무엇보다 우리에게 더 필요하다는 사실을 온전히 깨닫기 때문이다(우리는 이 점을 자주 상기할 필요가 있다).

만일 지금 공허함을 느낀다면 곧 채워지리라 확신해도 좋다. 그러나 먼저, 자신이 왜 목마른지 분명히 이해해야 한다. 공허함에 주목하라. 그리고 거기에 담긴 충만한 목적을 파악할 필요가 있다.

chapter 02

공허한 이유

○

공허함의 의미를 제대로 파악해야 가득 채울 수 있다. 하나님께서는 우리의 공허함에 관하여 직접 말씀하신다. 하나님께서는 우리가 왜 공허한지 예레미야서 2장 13절에서 망설이지 않고 말씀하신다.

내 백성이 두 가지 악을 행하였나니
곧 그들이 생수의 근원 되는 나를 버린 것과
스스로 웅덩이를 판 것인데
그것은 그 물을 가두지 못할 터진 웅덩이들이니라
렘 2:13

웅덩이가 무엇일까? 지금까지 우리는 우리가 웅덩이를 팠다는 사실을 분명하게 알지 못했고 그것이 터진 웅덩이라는 점도 정확히 깨닫지 못했다. 사전은 웅덩이를 명확히 정의한다. 웅덩이는 액체, 특히 물을 모아두도록 판 인공 저수지이다. 우리는 우리가 왜 공허함을 느끼는지 이해하려고 필사적으로 애쓰면서 무척 혼란스러워한다. 그러나 혼란스러워할 필요가 없다. 우리가 단지 인생의 목적을 오해했기 때문이다.

가득 채우려면 다 쏟아내야 한다. 우리의 죄 때문에, 우리의 잘못된 생각 때문에 공허한 상태는 하나님께서 우리 인생에 주시는 가장 좋은 것과 반대되는 개념을 품고 있는 것이기 때문에 우리를 가득 채울 수 없게 한다. 우리는 자신을 비워내는 삶을 분명히 이해해야 한다.

우리가 공허함을 느끼는 것은 하나님을 발견하기보다 '느낌'(feeling)에 더 많은 관심을 갖기 때문이다. 우리가 허덕이는 인생을 사는 것은 우리가 하나님을 위해 존재하는 것이 아니라 하나님이 우리를 위해 존재한다는 죄 된 본성이 우리 안에 있기 때문이다. 보통 그렇다. 그것이 타락한 인간의 본성이다.

내던져진 인생

인생은 흔히 진리를 더럽히게 되어 있다. 우리가 하나님을 만나는 것보다 훨씬 더 좋아 보이는 욕구에 사로잡혀 있을 때, 이 세상에서 당하는 고통이 너무 엄청날 때 우리는 "하나님을 위해 살고 그분의 목적을 위해 살아가는 삶"(living for God and His purposes)을 최우선으로 고려하기 어렵다.

인생이 우리를 엄청난 혼란과 고통 속에 내던지는 것처럼 보이기 때문에 모든 소망을 잃을 뿐이다. 그럴 때는 기쁨이 사라지고 어떤 것으로도 힘을 얻지 못한다. 우리가 도저히 이해 못할 사실, 즉 순종하며 살고, 하나님을 믿고, 영적인 훈련을 하고, 그리스도와 온전히 동행해도 고통은 계속 찾아오고 여전히 공허함을 느낀다는 것이다. 우리는 이것을 어쩔 수 없이 마주하고 살아간다. 이 세상의 삶이 끝없는 고통과 문제로만 보이고 그런 삶을 피할 수 없다는 점을 계속해서 확인한다. 채워지기를 갈망하는 순간에도 자신이 물처럼 쏟아져 나간다는 것을 깨달을 수 있다.

우리는 하나님의 계획에 따라 단순하게 믿음으로 걸어야

한다는 사실을 매일 붙잡는다. 그러나 그것으로 충분하지 않다. 성경의 원칙들을 삶에 적용해도 언제나 원하는 것들을 얻을 수 있는 것은 아니다. 이 사실이 분명해 보인다. 그러나 그것은 기대했던 방식이 아니다. 우리는 믿음이 그런 식으로 일하기를 기대하지 않았다.

우리가 예측하지 못할 시련을 겪으면서도 진정으로 원하는 것은 신뢰할 수 있는 누군가이다. 우리는 모든 불확실성과 고통과 끝없는 혼란의 한가운데서도 소망과 기쁨과 평화를 원한다. 그런 모든 일들을 겪으면서 믿고 의지할 만한 누군가를 발견하지 못하면, 삶의 형편이 실제보다 더 좋은 척 가장하든지, 아니면 고통을 줄일 방법을 찾든지 둘 중에 한 가지를 한다. 또 인생의 문제들을 무의미한 것으로 간주한다. 그리고 그럴 때 되는 대로 일어나는 것만 같은 인생의 일들이 하나님이 존재하지 않을 수도 있다는 증거를 제시하는 것처럼 느껴진다.

공허한데 하나님을 발견하지 못할 때 우리는 절망의 심연으로 추락하는 것을 막아주는 방어기제(defense mechanism)를 급히 작동시킨다. 자신이 얼마나 힘겹게 몸부림치며 아픈지 부정하고, 대답을 얻지 못한 질문들을 무시하며, 모든 것들이 괜찮아질 거라고 계속 스스로에게 말한다. 겉보기에 믿음에 굳게 서서 예수님과 다른 사람들을 향한 사랑을 선포하고, 심지어 생수에서 힘을 얻고 있다고 주장한다. 그렇더라도 만일 "그냥 하나님을 믿으세요"라는 말이 한 번 더 들리면, 우리는 자신이 텅 비었는지도 모른다고 느낀다.

우리는 인생의 문제 뒤에 숨겨진 고통을 덜어내려고 하다가 한 가지 진실을 발견하게 된다. 기독교는 우리가 원하는 방식으로 인생이 돌아가게 하는 간단한 공식을 제공하지 않는다는 사실과 씨름해야 한다는 것이다. 우리는 하나님에게로 가는 오솔길 대신에 문제의 해결책을 원한다. 그 고통, 공허함을 계기로 우리의 잘못된 내면을 깨닫기보다 일시적인 위안을 얻고 싶어 하는 자아의 욕구를 아닌 척 위장한다.

가득 채우려면 다 쏟아내야 한다.

어디로 가야 하나?

이렇게 우리는 하나님께 가지 못하도록 막는 장애물들을 스스로 만들어낸다. 우리가 만일 우리 눈에 보이고 느껴지는 대로 하나님을 평가한다면, 우리의 온 마음과 영혼을 다해 하나님을 주목하고 사랑하고 하나님께 매달리기보다 계속해서 자신을 주목하며 자기 인생을 사랑하고 거기 매달릴 것이다.

우리가 공허함을 이겨내기 위해 몸부림치는 동안 또 다른 거짓말 하나가 우리 영혼에 침투하는데, 그것은 하나님께서 우리 인생에 나타나시기만 하면 우리 기분이 나아지고 어려움들이 사라질 거라고 그렇게 잘못 믿는 것이다. 그러나 하나님을 발견하는 일이 그분을 찾아내는 일이었던 적은 없다. 하나님께서는 지금까지 늘 우리 삶에 함께 해오셨다. 성경은 하나님을 구하면 찾으리라고 보증한다. 따라서 하나님께서 우리 삶에 나타나시기만 하면 기분이 나아지고 어려움들이 사라질 것이라는 말은 요점이 아니다.

나를 구하면

나를 찾을 것이요

렘 29:13

하나님을 발견할 때 우리는 우리 자신을 발견한다. 하나님을 알고자 하는 열정을 키울 때 우리는 가득 채워진다. 지금보다 더 놀라운 방식으로 하나님을 알고자 하는 열정으로 충만할 때 비로소 인생의 시련에서 비롯된 공허함을, 지금까지 상상했던 어떠한 방식보다 더 놀라운 방식으로 하나님을 체험할 수 있는 기회로 여기게 것이다. 우리가 텅 비어 있는 느낌의 깊이를 이해할 때 가득 채워지려면 어디로 가야 하는지를 배운다. 그러나 너무 자주 현실적인 공허함에 휩싸이기 때문에 하나님께 가지 못한다.

공허함이 내려앉으면 우리 영혼은 끔찍한 고통으로 울부짖는다. 아무 말도 못하고 생각도 못할 고통으로 괴로워한다. 우리는 참(true)이라고 알고 있는 진실, 즉 인생은 고통스럽고 그 무엇도 우리를 채워주지 못한다는 진실을 감당하지 못한다. 마음을 놓지 못한다. 확실한 것이 아무것도 없다. 쉬지 못한다. 어려운 환경에서 비롯된 슬픔이 어떤 기쁨보다 훨씬 더 크다. 정말 많은 길을 따라 멀리까지 가면서 애쓰지만 그 모든 길이 다시 자신에게 이어지고 결국 하나님께로 가는 길을 발견하지 못한다. 하나님께서 말씀해주시기를 간청하고 소망하는데, 하나님이 가장 필요한 순간에는 아무 소리도 들리지 않는다. 침묵만 흐른다. 우리는 어느 누구도 닿을 수 없고 하나님만이 손을 뻗으실 수 있는 곳에 와 있다는 것을 깨닫지만, 하나님을 발견할 수 없기 때문에 생각지도 못한 공허함에 직면한다.

걸음을 멈추고 지금까지 우리의 삶을 돌아보면 우리가 웅덩이를 팠고 그것이 분명히 터진 웅덩이였다는 사실을 깨닫는다. 우리는 하나님께서 하나님의 충만함으로 가득 채워주실 것을 믿고 따르는 대신 자기 영혼이 요구하는 것을 들어주는 데 열중하고, 필요에 응하고자 하는 행동을 중심으로 인생을 조정하고 있다.

터진 웅덩이

우리는 하나님만 빼고 다른 모든 것들을 열정적으로 뒤좇으며 구한다. 그래서 공허한 우리 자신을 발견한다.

무릇 자기 목숨을
보전하고자 하는 자는 잃을 것이요
잃는 자는 살리리라

눅 17:33

고통스러운 환경에 물처럼 다 쏟아져서 바싹 말라버린 인생에 자기 힘으로 물을 대려고 애쓰는 우리에게 이 말씀을 적용해본다면 "너 자신을 비워라. 그러면 채워질 것이다"라고 할 수 있다. 정말 간단하게 들린다. 그러나 그렇게 하기에 무엇 하나 간단하지 않다. 자신을 비우는 것은 인생의 두 가지 주된 목표, 즉 행복의 길을 발견하는 것과 그러기 위해서 사람들과 자원에 영향을 끼치고 조종하는 일과 반대이기 때문에 우리의 영혼은 비뚤어진 좌절을 맛본다.

그리스도인으로서 우리의 진짜 집은 천국에 있고 우리는 외국 땅에 거주한다고 하면서 실제로는 이 땅의 토착민처럼 살아간다. 하나님의 영광보다 일시적인 욕구를 훨씬 더 중요하게 여기는 우리에게 즉각적인 만족이 아닌 다른 무언가를 향한 열정을 지니는 것은 불가능한 위업인 것처럼 보인다. 우리는 자신을 채우려고 미친 듯이 애쓰지만 결론은 더 공허해질 뿐이다.

우리가 스스로 웅덩이를 파는 까닭은 인생이 견디기 어렵다는 것과 그 사실이 너무 고통스러운 나머지 인정하기 힘들다는 것을 알기 때문이다. 우리는 자리를 지킬 때보다 비울 때가 더 많아 보이는 하나님이 내게 절실하게 필요하다는 두려운 사실을 인정하느니 차라리 자신에게 거짓말을 하면서 스스로 직접 우물을 파는 편을 택한다.

공허할 때 우리는 우리 자신의 한계에 도달하며 절실한 욕구를 채워도 위안이 되지 않는다는 사실을 깨닫는다.

만일 내가 이 세상의 어떤 경험도 채워주지 못하는 욕구를 지니고 있다면, 가장 개연성 있는 설명은 내가 또 다른 세상을 위해서 만들어졌다는 것이다.

- C. S. 루이스(C. S. Lewis)

우리는 한 가지 이유 때문에 목말라한다. 우리는 공허하다. 그래서 물을 긷고 싶어 한다. 우리의 공허함은 하나님에게서 시작된다. 이 세상 무엇으로도 그 공허함을 채우지 못한다. 아무리 애를 써도 매일 아침 거울을 보면 엄청난 갈증으로 목말라하는 자신의 모습을 발견할 뿐이다.

우리는 끝없이 목말라한다. 결코 만족하지 못한다. 우리가 웅덩이를 팠고 그것이 터진 웅덩이라고 말씀하신 하나님이 옳았다. 그 웅덩이를 이해하는 것이 중요하다. 왜냐하면 하나님께서 그 말씀으로 무언가를 가르치기 원하시기 때문이다. 하나님께서는 우리를 만나고 싶어 하신다. 서로 얼굴을 맞대고(face to face), 일대일로(one on one) 만나고 싶어 하신다. 그러나 하나님을 만나려면 먼저 자신의 현재 상황을 제대로 이해해야 한다.

우리가 공허한 것은 어떤 웅덩이를 사용하고 있기 때문이다. 여기서 말하는 웅덩이란 전 세계적으로 그 형태와 크기가 다양하다. 사람들은 물을 저장하기 위한 목적으로 그 공간을 사용한다. 그러나 웅덩이는 '우물'(well)의 역할을 하지 못한다. 우물은 샘이나 지하수로부터 물을 공급받는다. 사람들은 땅을 파고 가장자리에 돌이나 나무를 엇갈리게 쌓아서 우물을 만든다. 그렇게 해야 우물의 내벽이 무너지지 않기 때문이다.

사람들은 수세기 동안 우물을 써왔다. 역사적으로 천연 샘물을 이용했고 그 근처에 집을 짓고 살았다. 우물 아래로 두레박을 내려서 물을 가득 채운 다음, 그 두레박을 다시 끌어올려서 쉽게 물을 얻을 수 있었다. 그들은 물이 필요할 때마다 우물에 가곤 했다.

반면 웅덩이는 수원(水原)으로부터 계속해서 물을 공급받기 위한 용도가 아니라 물을 저장하기 위한 용도이다. 주목할 것은 원래 웅덩이는 샘물과 달리 빗물을 모으기 위한 목적으로 사용되었고 역사적으로 건조한 지역에서 우물이 마르거나 강우량이 부족할 경우를 대비하여 물을 저장하기 위한 용도로 사용되었다. 웅덩이는 예비 급수 수단이다. 따라서 웅덩이를 파는 경우 누군가가 거기에 물을 채워야 한다. 웅덩이는 끊임없이 샘솟는 수원에서 물을 공급받는 우물이 아니다.

우물로 가라

그렇다면 이런 설명이 인생의 텅 빈 느낌과 관계가 있을까? 많이 있다. 우리는 내 힘으로 갈증을 풀어보려고 계속해서 웅덩이를 사용한다. 그러나 하나님께서는 우리가 하나님께 나오기를, 우물(Well)이신 하나님께 가기를 원하신다. 우리는 세상에 속한 것들에서 행복과 기쁨을 얻으려고 애쓴다. 그러나 세상은 건조한 땅, 죄로 가득한 곳이다. 하나님께서는 우리가 웅덩이에 물을 가득 채우지 못하리라는 것을 알고 계신다. 또한 우리의 웅덩이가 터지고 메말라 쓸모없게 되리라는 것도 알고 계신다.

우리는 웅덩이를 돈으로 채우지만 웅덩이는 곧 바닥을 드러낸다. 그러면 그 웅덩이를 다시 채워야 하는 악순환이 시작된다. 사랑받고자 하는 관계로 가득 채우지만 사람들로

부터 상처받는다. 술과 약물이라는 새로운 웅덩이를 채워 고통을 누그러뜨리려고 애쓰기도 한다. 혹은 웅덩이가 내게 필요한 것들을 공급해주지 못한다는 현실을 피해 일시적인 위안거리를 찾아 시간을 허비하며 고통을 줄여보려는 노력도 해본다. 그러나 결국 자신의 힘으로 웅덩이를 계속 채워야 한다는 결론에 도달한다. 웅덩이를 채우려고 끝없이 애쓰다가 기진맥진하여 마침내 공허한 상태로 남는다.

공허함은 우리를 우물(Well)로, 하나님께로 안내한다. 공허함을 기꺼이 받아들이면, 그 '목마른 상태'가 세상 그 어떤 일도 우리 영혼이 가장 갈망하는 것을 채워주지 못한다는 점을 깨달을 수 있도록 도울 것이다. 또한 우리가 완전히 만족할 수 있는 방법으로 채워지기 원한다는 것을 알 수 있도록 도울 것이다. 우리가 가장 바라는 것은 다시는 목마르지 않는 것이다.

그러나 아무래도 우리의 길은 하나님의 길과 전혀 비슷하지 않은 것 같다. 따라서 우리는 그 문제를 가지고 하나님과 만나야 한다. 우리는 하나님께 말씀해달라고 구해야 한다. 그러나 하나님과 서로 얼굴을 맞대고 만나려면 하나님께서 우리의 공허함에 대해 어떤 식으로 일하시는지 더욱 분명하게 이해해야 한다. 우리는 '비움의 원리'(the empty principle)를 이해할 필요가 있다.

비움의 원리

우리는 인생을 너무 자주 오해한다. 하나님께서 우리가 합당히 여기는 방식대로 일하신다고 제멋대로 추측하고 그래서 엄청나게 실망한다. 하나님의 길은 우리의 길과 다르다(사 55:8). 그 사실을 빨리 받아들일수록 우리의 삶은 더 나아질 것이다. 거듭 말하지만, 우리는 공허함을 오해한다.

우리는 일상을 살면서 소중한 것들을 지키려고 끝없이 노력한다. 하지만 결국 그것들과 더 많은 것들을 잃고 만다. 우리는 자신을 비우면 아무것도 남는 게 없다고 믿는 경향이 있다. 만일 우리가 하나님께 연결되어 있지 않고 하나님의 목적에 맞추어 살지도 않는다면, 자신을 비우면 아무것도 남는 게 없다는 말이 맞다. 그러나 우리가 진정 믿음으로 걷고,

나를 **비우면** 아무것도 남는 게 없는 줄 알았다.

아니다.
텅 비어 있는 상태는 끝이 아니라 **시작**이다.

하나님의 약속들을 믿고, 하나님을 온전히 신뢰하고 있다면 하나님께서는 분명히 우리에게 비우라고 하실 것이다. 그래야 쏟아부어 주시고 채워주실 수 있기 때문이다.

한숨이 나오는가? 텅 빈 느낌과 관련한 하나님의 길을 알려주겠다. 더 많이 쏟아낼수록 더 많이 쏟아부어 주신다. 다른 말로 하면, 더 많이 비워낼수록 더 가득 채워질 수 있다. 오, 괜찮은데! 그러나 이 말이 아직 크게 와 닿지 않는다. 이 말을 곰곰이 생각해봐도, 나를 비우면 아무것도 남는 게 없다는 결론을 내리지 않을 수 없다. 정말 아무것도 남는 게 없을까? 아니다.

성경을 펴고 열왕기하 4장으로 가라. 이 '비움의 원리'를 주목해보자. 모든 일은 엘리야 선지자가 하늘로 올라간 사건과 더불어 시작된다. 엘리야 선지자의 제자들은 하늘에서 불수레가 내려와 그들의 스승이 하늘로 올라가는 장면을 지켜보았다. 엘리야 선지자의 제자들 중 한 사람의 아내가 있었다. 남편을 잃은 여인이었다.

그 여인이 엘리사 선지자를 찾아가, 살림살이는 아무것도 남은 것이 없고 빚쟁이들이 그녀의 두 아들마저 데려가 종으로 삼으려 한다고 말한다(왕하 4:1). 엘리사는 그녀의 집에 무엇이 있는지 물었다. 그녀는 기름 한 그릇 말고는 아무것도 없다고 대답한다. 그녀는 인생이 끝났다고 생각한다. 그녀는 많은 면에서 텅 비어 있다. 그러나 '비움의 원리'를 통해 넘치도록 많이 얻었다.

자세한 이야기가 성경에 나온다.

이르되 너는 밖에 나가서
모든 이웃에게 그릇을 빌리라
빈 그릇을 빌리되 조금 빌리지 말고
너는 네 두 아들과 함께 들어가서 문을 닫고
그 모든 그릇에 기름을 부어서
차는 대로 옮겨 놓으라 하니라
여인이 물러가서 그의 두 아들과 함께 문을 닫은 후에
그들은 그릇을 그에게로 가져오고
그는 부었더니 그릇에 다 찬지라
여인이 아들에게 이르되
또 그릇을 내게로 가져오라 하니

아들이 이르되 다른 그릇이 없나이다 하니
기름이 곧 그쳤더라
그 여인이 하나님의 사람에게 나아가서 말하니
그가 이르되 너는 가서 기름을 팔아 빚을 갚고
남은 것으로 너와 네 두 아들이 생활하라 하였더라

왕하 4:3-7

기적이다. 하나님께서 능력으로 일하시기 전, 우리가 할 수 있는 최상의 발언은 "나는 아무것도 없습니다!"이다. 이 말을 다양한 방식으로 표현할 수 있다.

"더 이상 못하겠어요."

"고통이 너무 심해요."

"공허합니다."

우리는 이 원리를 이해해야 한다. 엄청나게 중요한 원리이다. 그렇게 말하지 않으면 결코 채워지지 못할 것이다. '비움의 원리'를 통한 약속이 있다. 바로 하나님께서 당신의 원천(Source)이 되실 때 절대 결핍이 없다는 약속이다. 하나님께서는 이 여인의 텅 빈 상태를 통해 놀라운 기적과 심오한 영적 원리를 보여주신다.

텅 비어 있는 사람들

우리는 하나님께 쓰임 받으려면 가득 채워져 있어야 한다고 믿는다. 그러나 하나님께서는 텅 비어 있는 사람들을 찾고 계신다. 만일 지금 텅 비어 있는 상태라면 가득 채워질 수 있다. 실제로 그렇게 간단하다. 이 이야기에서 그 여인의 집에 가득 채울 수 있는 '텅 빈'(empty) 무언가가 있는 한 기름은 멈추지 않고 계속 흘러나왔을 것이다. 우리가 텅 비어 있기만 하다면 하나님께서 우리를 통해 흐르실 수 있다. 텅 비어 있는 상태는 끝이 아니라 시작이다. 이 진리를 꼭 붙잡아라.

그 여인에게 일어난 기적의 핵심을 파악하면 비움의 원리를 더 잘 이해할 수 있다. 하나님께서는 빈 그릇들, 곧 하나님께 전적으로 맡기는 사람들에게 하나님의 영을 아낌없이 쏟아 부어 주신다.

…이는 하나님이 성령을
한량없이 주심이니라
요 3:34

그러나 그 그릇들에 무언가가 가득 차 있으면 반드시 쏟아내신다. 하나님께서 지금 당신의 인생을 비우시고 당신이 의지하고 소중히 여기는 것들을 모두 제거하시는 것처럼 보인다면, 그분이 당신의 삶 가운데 일하시는 중이라고 확신해도 좋다. 하나님께서 이제 막 당신의 영혼에 우물을 파려고 하시는 것이다.

어떤 사람이 세상이 열광하는 것들로 자신을 채우고 있다면 그는 하나님으로 가득 채워지지 못한다. 하나님께서 파고 채우는 일을 하셔야 하는데 그 사람이 그 일을 하고 있기 때문이다. 그럴 경우 그 사람은 결코 만족하지 못할 것이다. '텅 빈' 채 살아가지 못하기 때문에 자신을 채우려고 끊임없이 애쓰며 세상의 모든 것들로 자신을 채운다.

그러나 그것들 때문에 하나님에 의해 채워질 수 있는 우리의 능력과 그러기를 바라는 소망이 무뎌진다. 인생길에서 느끼는 공허함을 끝이라고 여기는 대신 하나님 바로 그분으로 채워질 수 있는 가장 큰 기회로 여기기 시작해야 한다. 우리의 문제는 먼저 자신을 가득 채워놓아야 하나님께서 하나님의 영을 쏟아부어 주시기라도 하는 것처럼 느끼는 경향이 있다는 것이다. 그러나 하나님께서는 우리가 비어 있기를 원하신다.

자신을 비워낼 때 하나님의 영으로 가득해지고 상상할 수 없는 성령 충만함을 체험한다. 이 비움의 원리를 통해 배우는 진리는, 하나님의 공급하심을 삶의 원천으로 의지하고 믿음으로 살아가면 결코 부족함이 없다는 것이다. 여기서 하나님의 공급하심이란 내적 우물(internal well)이다. 그 우물 물을 다른 사람들에게 쏟아낼 때 하나님께서 계속 쏟아부어 주신다. 따라서 우리가 목마르다는 것은 지금 우리 자신을 비우고 있지 않다는 사실을 의미할 뿐이다.

그럼에도 우리는 비움의 요점이 무엇인지 기꺼이 끝없이 논할 것이다. 왜냐하면 비움의 원리를 통해 다음과 같은 진리를 배우기 때문이다. 하나님께서 빈 그릇들, 즉 하나님께 전적으로 맡기는 사람들이 있는 한 하나님의 영을 아낌없이 쏟아부어 주시며 그럴 때 생수의 강처럼 넘쳐흐르리라는 진리이다.

> 나를 믿는 자는
> 성경에 이름과 같이
> 그 배에서
> 생수의 강이 흘러나오리라
> 요 7:38

기다리시는 하나님

그러나 슬픈 사실이 있다. 정말 많은 신자들이 그들 안에 있는 성령만 있을 뿐 그들에게서 흘러나가는 성령을 갖고 있지 않다는 점이다. 우리는 '비움의 원리'를 깊이 이해해야 하며 진정한 만족을 주는 근원으로 가야 한다는 점을 깨달아야 한다.

욥도 바로 그것을 알았다.

내가 어찌하면

하나님을 발견하고

그의 처소에 나아가랴

욥 23:3

목마를 때 우리에게 무언가가 절실히 필요하다. 그러나 그것은 우리가 생각하는 것이 아니다. 우리가 갈망하는 것들은 하나님께서 우리에게 주시려는 것들과 비교가 되지 않는다. 우리는 하나님께서 주시려고 하는 가장 좋은 것들에 턱없이 미치지 못하는 것들을 구한다. 하나님께서는 우리가 구하는 것보다 훨씬 더 많은 것들을 주고 싶어 하신다(엡 3:20). 우리가 그런 것들을 받을 자격이 조금도 없는데 그렇게 하시는 것, 그것이 하나님의 은혜이다.

그래서 우리는 하나님의 약속에 귀를 기울인다. 하나님께서 주시는 모든 것을 갈망한다. 가득 채워진 삶을 갈망한다. 우리는 예수님께서 하신 말씀을 알고 있다.

예수께서 대답하여 이르시되

하나님은 당신을 만나고 싶어 하신다.
당신을 계속 기다리신다.

이 물을 마시는 자마다 다시 목마르려니와
내가 주는 물을 마시는 자는
영원히 목마르지 아니하리니
내가 주는 물은
그 속에서 영생하도록 솟아나는 샘물이 되리라

요 4:13,14

우리는 예수님이 우리에게 필요한 것을 갖고 계신다는 사실을 깨닫는다. 예수님은 우리의 영원한 갈증을 풀어주시겠다고 하신다. 우리는 우리만큼이나 목말라했던 어느 여인의 입에서 나온 지혜로운 말을 되풀이한다.

여자가 이르되
주여 그런 물을 내게 주사
목마르지도 않고
또 여기 물 길으러 오지도 않게 하옵소서

요 4:15

우리는 채워질 준비가 되어 있다. 갈증을 풀고 영원히 목마르지 않기를 간절히 원한다. 그래서 하나님을 찾아 나서지만 어디에서도 발견하지 못한다. 그러나 더 이상 그분을 찾아 헤매지 않아도 된다. 하나님께서 계속 기다리고 계시기 때문이다.

하나님께서는 당신을 만나고 싶어 하신다.

일대일로. 우물에서.

chapter 03

우물가의 여인

○

당신의 이야기가 성경 어딘가에 기록되어 있다. 성경에 등장하는 어떤 인물의 이름 대신 당신의 이름을 써넣어도 괜찮다. 비록 성경에 기록된 이야기가 당신의 삶의 상황과 모든 면에서 똑같지는 않아도 성경에는 당신의 인생 이야기를 꼭 닮은 이야기들이 있다. 아마 당신은 성경에 기록된 한 가지 이야기가 아니라 여러 가지 이야기와 비슷한 삶을 살아왔을 것이다.

우리는 우리 인생으로 한 편의 이야기를 써나간다. 우리는 공허함을 느낄 때 한 가지를 알아야 한다. 믿음을 시작하고 온전하게 하시는 분은 하나님이시고(히 12:2), 우리가 하나님을 정말 그런 분으로 믿고 따르면, 이 세상의 삶은 우리 이야기의 끝이 아니라는 것이다.

이 세상의 삶은 우리 이야기의 끝이 아니다. 이것은 많은 점들을 설명한다. 그리스도인들이 고통과 슬픔을 겪는 이유, 세상이 그리스도인들을 거부하는 이유를 설명한다. 이 세상의 삶이 우리 이야기의 끝이 아니라는 사실을 알면, 하나님께서 이 땅에서 몇 가지 약속을 이행하지 않으시는 이유를 이해할 수 있고, 하나님께서 기도에 응답하지 않으시는 것처럼 보이는 이유와 인생이 불공평한 이유를 꿰뚫어 볼 수 있다.

그리스도를 구주로 믿는 우리 인생 이야기는 죽음으로 끝나지 않는다. 죽음은 단지 시작일 뿐이다. 그러나 우리는 이 땅에서 살아가는 동안 이야기를 쓴다. 그 이야기가 어떻게 끝이 나느냐는 우리에게 달려 있다. 우리는 이 땅에서 사는 동안 내내 시험을 치른다. 불시에 '쪽지 시험'도 매우 자주 치른다. 우리의 이야기에는 하나님을 신뢰할 수 있거나 결코 상상하지 못한 방식으로 하나님을 신뢰해야 하는 어려운 과제들이 포함될 것이다. 그리고 장차 어느 날 이 모든 일이 일시적인 것들이었음을 깨달을 것이며 우리의 인생 이야기, 즉 이 땅의 삶이 영원히 우리를 정의하는 것이 아니라 영원(eternity)을 잘 맞이하도록 준비해준다는 점도 깨달을 것이다.

우리의 이야기

우리의 이름은 중요하지 않다. 이 땅의 인생 이야기를 마감한 이후 '영원한 집'이 중요하다. 성경에 나오는 어떤 이야기에서도 한 여인이 예수님을 일대일로 만난다. 하지만 성경은 그녀의 이름을 전혀 언급하지 않는다. 어쩌면 그녀가 우리일지 모른다. 우리가 우물로 갈 때 그 여인의 말과 행동에서 우리 자신의 모습을 볼 것이다.

인간이 신체적으로 느끼는 모든 욕구 중 물을 향한 욕구가 가장 강렬하다는 말이 있다. 우리는 목말라하게끔 되어 있다. 그러나 그 목마름을 해결하기 위해 자기 힘으로 우물을 파고 애쓰게 되어 있지는 않다. 우리 영혼은 생명의 물을 목말라한다. 우리는 타는 목마름의 갈증을 풀려고 애쓴다. 하지만 그럴수록 갈증은 더 심해질 뿐이다.

우리가 판 우물은 목마른 영혼을 채워줄 힘이 전혀 없는 물을 낸다. 그 우물에서 마실수록 우리는 바닷물을 들이키는 것처럼 마시고 또 마셔도 목만 더 바싹바싹 타들어가는 갈증을 느낄 뿐이다.

영국의 시인 S. T. 코울리지(Samuel Taylor Coleridge)는 1798년에 발표한 《노수부의 노래》(The Rime of the Ancient Mariner)라는 시에서 이런 암담한 상황을 표현했다.

하루하루, 또 하루하루,
우리는 꼼짝 못했지
숨도 못 쉬고 움직이지도 못했네
그림 속 바다에 그려진 배처럼
정지해 있었지

물, 물, 사방이 물이고
갑판 전체가 오그라들었네
물, 물, 사방이 물인데
마실 물은 한 방울도 없었네

우리 상황을 가장 정확히 그려낸 시이다. 채워지지 않은 욕구에서 비롯된 영혼의 고통은 거의 언급할 필요도 없다. 사실 우리는 육신적으로나 영적으로 갈망하고, 바라고, 소

3장 우물가의 여인

망하는 것들을 차라리 드러내지 않는 편이 더 낫다고 생각한다. 우리는 힘, 쾌락, 돈, 존경, 사랑, 지혜(이런 목록은 거의 무한대로 계속된다)를 목말라하면서 우리의 영에 필요한 것들을 세상에서 찾아 헤매지만 세상은 이것을 공급해주지 못한다. 우리가 우리의 목마름을 제대로 이해할 필요가 있다. 목마르지 않으면 어느 누구도 우물로 가지 않는다.

사마리아 지방에 살던 한 여인은 목이 말라 우물로 갔고 거기서 예수님을 만났다. 그 우물가에서 여인의 인생은 예상하지 못한 방식으로 영원히 바뀌었다. 우리 인생도 그럴 것이다. 그것이 바로 예수님과 일대일로 관계를 맺을 때 일어나는 일이다.

지친 상태

우물(Well)로 가기 전에 우리 모두 도달하는 장소가 있다. 바로 지속할 힘을 잃는 절망적인 곳, 그치지 않는 목마름을 채우려고 애쓰다가 기진맥진하는 절망적인 곳이다. 요한복음 4장 6절에는 여행길에 지치신 예수님이 어떤 곳으로 가셨다고 나온다.

…예수께서 길 가시다가 피곤하여
우물곁에 그대로 앉으시니
요 4:6

완전한 하나님이시며 완전한 인간이신 예수님은 우리와 같은 육신적인 한계로 고통당하셨다. 그래서 우물로 가셨다. 그러나 아무 우물이나 그냥 가시지는 않았다. 예수님은 각 사람을 만날 거룩한 계획(그 만남이 성사되느냐 마느냐는 우리에게 달려 있다. 몇몇 사람은 약속 장소에 좀 늦게 도착한다. 그러나 걱정하지 말라. 예수님이 기다려주실 것이다)을 갖고 계신다. 예수님은 어떤 여인을 만날 거룩한 계획을 갖고 계셨다.

예수께서는 유대 지방을 떠나 다시 갈릴리로 가기로 결심하셨다. 그런데 예수님은 수가라는 성으로 들어가는 계곡으로 이어진 대로를 지나가셨다. '수가'는 야곱이 자기 아들 요셉에게 준 땅에서 가까웠다(창 33:18-20, 48:22, 구약의 주요 사건들에 자주 등장하는 '세겜'이 바로 '수가'이다). 예루살렘을 제외한다면 팔레스타인에 수가라는 곳만큼이나 성경의 역사적 사건과 관련이 많은 도시도 드물 것이다. 그러나 예수님은 그런 점에 주목하지 않으셨다. 쉬시려고 우물가에 앉으셨기 때문이다.

현존하는 성경의 명소들 중 학자들이 성경에 기록된 바로 그곳이라고 논쟁의 여지없이 인정하는 장소는 몇 군데 없다. 예수님이 앉으신 '야곱의 우물'이 바로 그런 장소들 중 하나이다. 야곱의 우물은 이스라엘의 나블루스에서 동쪽으로 1.6킬로미터, 아스갈에서 남쪽으로 800미터 떨어진 곳에 있다. 우물의 깊이는 23미터인데 원래는 더 깊었다. 지름은 대략 2.2미터지만 입구는 1.2미터로 성인 남성이 만세를 부르는 자세로 통과할 정도밖에 안 된다. 야곱이 실제로 우물을 팠다는 기록은 성경에 없다. 그렇기 때문에 야곱의 우물이라는 말이 어디에서 유래했는지는 정확히 알 수 없다. 그럼에도 야곱의 우물은 존재한다. "예수님이 앉으셨다"고 판명된 성경의 몇 안 되는 확실한 장소들 중 하나이다.

사마리아 출신의 여인은 그날 어떤 상황을 마주할지 전혀 알지 못했다. 하나님의 자비는 매일 아침 새롭고(애 3:22-24) 깜짝 놀랄 일들로 가득하다. 그녀는 예레미야애가 3장 24절 말씀대로 하나님께서 그녀의 전부가 되신다는 진리를 온전히 깨닫기 직전이었다. 예수님은 그녀에게 무엇이 필요한지 그녀보다 먼저 아셨다. 물론 우리에게 무엇이 필요한지도 우리보다 먼저 알고 계신다.

하나님의 타이밍

우리가 보기에는 하나님께서 우리를 깜짝 놀라게 하는 일들을 잔뜩 갖고 계신 것 같을지 모르지만, 하나님께는 그 모든 일이 놀랄 일들이 아니다. 인생의 일들 하나하나 모두가 하나님께서 계획하신 대로 처음부터 쭉 일어난다. 모든 일이 하나님의 계획과 관계되어 있다. 하나님은 계획 없이 아무렇게나 되는 대로 일하지 않으신다. 모든 일을 세심하고 꼼꼼하게 지휘하신다. 하나님이 완벽한 계획을 펼쳐나가시는 데는 타이밍이 결정적으로 중요하다. 모든 일들은 하나님의 거룩한 일정표에 따라 일어난다(요 7:30, 8:20, 13:1).

우물가에서 그 여인을 만나기로 계획하신 일 역시 타이밍이 결정적으로 중요했다. 하나님께서는 전략적으로 특정 상황의 모든 국면을 하나로 결합해야 하나님의 거룩한 계획을 이루실 수 있다는 것을 아신다. 주목할 점은 예수께서 가신 길이 유대에서 갈릴리로 가고자 하실 때 택하실 수 있는 유일한 길이 아니었다는 사실이다. 예수님이 택하신 길은 유대 지방 사람들이 갈릴리로 갈 때 흔히 이용하는 길이 아니었다. 그러나 갈릴리로 가는 최단 경로였다.

당시 유대 지방 사람들은 앗시리아의 혼혈 정책으로 순수 혈통을 잃어버린 사마리아 지방 사람들에게 적대감을 갖고 있었기 때문에 갈릴리로 갈 때면 사마리아에 발을 들여놓지 않기 위해 동쪽으로 멀리 돌아 요단강을 건너가곤 했다. 사마리아 땅을 피해 돌아가는 것은 정상적으로 통과하는 것보다 사흘 이상 더 오래 걸렸다. 당시 유대인들은 사마리아인들과 상종하지 않았지만, 유대인이신 예수님은 망설이지 않고 사마리아 땅을 통과해 가셨다(눅 9:51-56, 17:11-19 ; 요 4:1-4). 예수께서 그 길을 택하신 것은 '거룩한 계획'을 갖고 우리에게 진짜 필요한 것…

예.수.님.

계셨기 때문이다. 예수님은 이 땅에서 살아가시는 동안, 하나님으로서 예수님을 필요로 하는 사람들을 향해 계속 나아가셨다(눅 2:49, 4:43, 19:5, 24:7 ; 요 9:4, 10:16, 20:9). 이 경우 예수님은 예수님이 절실히 필요한 한 여인을 만나시려고 여행의 피로도 감수하셨고, 사마리아를 배척하는 다른 유대인들의 편견도 염려하지 않으셨다. 예수님은 영원한 사명을 수행하는 중이셨다. 예수님에게는 파야 할 우물이 있었다.

예수님은 며칠 동안 걸으신 뒤 우물가에 이르러 앉으셨다. 예수께서 계획하신 때가 이르렀다. 그래서 기다리셨다.

…예수께서 길 가시다가 피곤하여
우물 곁에 그대로 앉으시니
때가 여섯 시쯤 되었더라
요 4:6

때는 정오였다. 햇볕이 직접 내리쬐고 있었다. 하루 중에 갈증이 가장 심해지는 시간이라고 생각해볼 수 있다. 그러나 예수님은 우물가에 앉아 기다리신다. 예수님은 제자들에게 마실 물을 길으라고 하지 않으신다(음식을 사오도록 마을로 보내신다). 예수님이 직접 물을 긷지도 않으신다. 사마리아 여인을 기다리신다. 만나신다. 그리고 예수님이 성경에서 사람들과 일대일로 나누신 대화 중에 가장 긴 대화를 시작하신다.

예수님과 일대일

예수님은 자신이 규칙을 좋아하지 않는다는 사실을 이 땅의 사역을 통해 분명히 밝히셨다. 십계명을 주신 하나님께서 종교적인 규칙들을 철저히 내던지셨던 것이다. 이 우물가에서 예수님은 모든 종류의 규칙을 내던지기로 결정하셨다. 첫째, 유대인은 사마리아인과 대화해서는 안 된다. 둘째, 남자는 여자의 남편이 옆에 없을 때 그 여자에게 말을 걸어서는 안 된다. 셋째, 랍비는 이 여인과 같은 사람과 말하면 안 된다.

그러나 예수님은 여인에게 다음과 같이 단순하고 짧은 요청으로 모든 규칙을 망설이지 않고 단번에 깨신다.

물을 좀 달라

요 4:7

그 여인조차 깜짝 놀라며 예수님이 규칙을 어기고 있다는 점을 일깨워드린다.

당신은 유대인으로서
어찌하여 사마리아 여자인 나에게
물을 달라 하나이까

요 4:9

그러나 예수님은 그런 규칙에 개의치 않으신다. 그런 규칙보다 자신의 거룩한 목적을 더 소중하게 여기신다. 예수님은 가장 먼저 '비움의 원리'를 소개하며 그녀와 일대일을 시작하신다. '비움의 원리'를 기억하는가? 여기서 우리는 그 원리를 알기 쉽게 차근차근 설명하시는 예수님을 보게 된다.

여인은 자신에게 무엇이 필요한지 아직 모른다. 자신의 진짜 공허함의 깊이를 아직 온전히 깨닫지 못한다. 그런데 예수님이 그녀에게 무언가를 달라고 하신다. 예수님은 그녀가 지닌 것들을 가져와서 예수님에게 쏟아놓으라고 하신다.

그런데 그때는 그녀 자신도 몰랐다. 그녀가 목말라한 것은 물이 아니었다. 여인은 물 이상의 무언가를 목말라했다. 그녀의 영혼은 더 깊은 무언가를 간절히 목말라했다. 하나님과의 개인적이고 친밀한 관계를 목말라했다.

어떤 사람이 세계적인 신학자 스프로울(R. C. Sproul)에게 질문했다.

"오늘 이 세상에 영적으로 가장 필요한 것이 무엇이라고 생각하십니까?"

그러자 그가 대답했다.

"오늘 이 세상에 영적으로 가장 필요한 것은 하나님이 어떤 분인지 진정으로 깨닫는 것입니다."

예수님은 사마리아 출신의 그 여인과 일대일로 대화하면서 그녀에게 가장 필요한 것이 무엇인지 지적하신다. 그녀에게는 예수님이 어떤 분인지 진정으로 아는 것이 필요했다. 예수께서 가장 중요한 질문을 그녀에게 하시고 또한 우리에게도 하신다.

"지금 네가 누구에게 말하고 있는지 아니?"

당신은 기도하면서 하늘을 향해 부르짖을 때 누구에게 부르짖는지 온전히 이해하는가?

> 예수께서 대답하여 이르시되
> 네가 만일 하나님의 선물과
> 또 네게 물 좀 달라 하는 이가
> 누구인 줄 알았더라면
> 네가 그에게 구하였을 것이요
> 그가 생수를 네게 주었으리라
> 요 4:10

그 여인은 공허한 마음으로 우물에 물을 길러 갔다. 그녀는 얼마 전 굴곡진 인생의 사건을 겪었다. 그런 그녀가 물을 길러 우물에 왔다가 종교적이고 사회적인 규칙들을 깨트리는 유대인 한 사람을 만났고, 그 유대인은 그녀가 무슨 일이 일어나는지 알아차리기도 전에 그녀의 인생을 깊은 곳에 던졌다.

그리고 그녀는 우리가 예수님을 일대일로 만날 때 흔히 하는 행동과 똑같이 한다. 변명한다. 사실 그녀는 예수님의 권위에 의문을 제기하기도 한다. 예수님이 누구신지 질문하기도 한다. 우리도 똑같이 하지 않는가?

"눈에 보이지도 않는 하나님이 어째서 이렇게 많은 것들을 요구하시지? 자신을 분명히 나타내시지도 않는 하나님을 어떻게 신뢰하라는 거지? 하나님은 얼굴조차 보여줄 생각이 없으신데, 어떻게 내 인생의 무언가를 하나님께 바칠 수가 있어?"

우리는 그 여인의 말을 들으며 공감한다.

여자가 이르되
주여 물 길을 그릇도 없고 이 우물은 깊은데
어디서 당신이 그 생수를 얻겠사옵나이까
우리 조상 야곱이 이 우물을 우리에게 주셨고
또 여기서 자기와 자기 아들들과 짐승이 다 마셨는데

당신이 야곱보다 더 크니이까

요 4:11,12

우리는 그녀가 '예수님'과 대화를 나누고 있다는 사실을 알지만 그녀는 모른다. 그녀는 예수님의 말씀과 행동에 충격을 받은 데서 예수님의 요구에 질겁하는 데로 옮겨간다. 우리도 다르지 않다. 사실상 그녀는 이 구절에서 예수님에게 다음과 같이 말하는 셈이다.

"목마르면 직접 길어 마시세요!"

"내가 가진 것으로 당신을 도와주기 바라나요?"

"대체 당신은 자신을 누구라고 생각하기에, 당신이 권하는 것을 받아들이는 것이 위대한 인물들을 본받는 것보다 세상을 살아가는 데 더 중요하다고 말하나요?"

"세상이 줄 수 있는 것보다 더 나은 무언가를 어떻게 줄 수 있다는 거죠?"

어려운 질문이다. 그러나 하나님께는 조금도 어렵지 않다. 하나님께서는 우리의 의심, 불신앙, 죄를 처리하는 방법을 아신다. 예수님은 무의미한 논점들이 아닌 그 여인과의 만남

자체의 핵심을 찌르신다. 예수님은 물을 길러 우물에 가셨지만 그때는 뭔가 다른 것을 하고 계신다. 바로 그녀의 영혼을 예수님에게 끌어당기시는 것이다. 예수께서 그녀에게 하신 말씀이 역사를 통해 울려 퍼진다.

> 예수께서 대답하여 이르시되
> 이 물을 마시는 자마다 다시 목마르려니와
> 내가 주는 물을 마시는 자는 영원히 목마르지 아니하리니
> 내가 주는 물은 그 속에서
> 영생하도록 솟아나는 샘물이 되리라
>
> 요 4:13,14

혼란스러워하는 여인의 표정이 상상된다. 그러나 우리도 하나님을 만날 때 혼란스러워한다. 채워지지 않는 욕구들을 가지고 하나님께 가서 이 땅의 고통에서 구해달라고 필사적으로 간청하지만 구한 내용과 전혀 다른 무언가를 얻는다. 대적의 콧대를 꺾어달라고 간청하지만 주님은 원수를 사랑하라고 말씀하신다. 재정적인 도움을 구하지만 주님은 후히

베풀라고 말씀하신다. 주님이 나와 함께하신다는 사실을 생생하게 느낄 수 있게 해달라고 매달리지만 주님은 침묵으로 응답하신다. 그래서 우리는 궁금해진다.

'하나님이 내 기도를 제대로 듣지 못하셨나? 내가 의사 소통을 잘 못하고 있나? 그분이 들으시지 않나? 나에게 베풀 만한 물질이 전혀 없다는 걸 모르시나? 하나님은 큰 그림을 보시니까 내 사정 같은 시시한 일 따위에 관심이 없으신 거야!'

스스로 판 우물

비록 그 여인이 혼란스러워했지만, 예수께서 그녀의 영혼을 꼭 붙잡으신 것이 분명하다. 무언가가 그녀의 영혼에 울려 퍼졌다. 예수님은 그녀의 목마름을 기회로 그녀를 끌어당기신 다음, 계속해서 물을 길어야 할 필요성을 영원히 해결해주겠다고 약속하신다. 그녀는 예수님의 말씀이 자신의 영혼 표면을 뚫고 더 깊이 들어가는 것을 느낀다. 예수님의 말씀이 그녀의 영 깊은 곳에 스며든다. 그녀는 "내가 주는 물을 마시는 자는 영원히 목마르지 아니하리니"(요 4:14)라는 말씀을 붙잡고 매달린다.

우리도 예수님과 함께 우물에 앉아 있는 동안 이 말씀에 사로잡힌다. 우리는 목마르지만 세상 무엇으로도 갈증을 풀지 못한다. 그래서 스스로 판 우물로 가고 또 간다. 그러다가 지친다. 결국에는 그 우물에서 물을 길 힘조차 잃는 지경에 이른다. 그보다 더 나쁜 일이 없다.

우리는 갈증을 풀어주지 못하는 우물들을 계속해서 파도록 자극하는 생각들 때문에 기진맥진한다. 돈이 더 많거나, 친구들이 더 많거나, 더 사랑받거나, 더 많이 성공하거나, 짜릿한 일들이 더 많거나, 더 좋은 직업을 갖거나, 남편이나 아내가 더 나은 사람이거나, 더 많이 배우거나, 가족들과 더 가까이 지내거나, 시간이 좀 더 많거나, 더 좋은 교회에 다니면 만족할 것이라는 생각들이다. 우리는 일시적인 육신의 욕구들을 채우기에 너무 열중한다. 그렇기 때문에 더 중요한 영적 욕구들을 보지 못하고 지나간다.

그러나 우리는 세상에 속한 것들, 일시적으로 반짝 힘을 주는 해결책들이 참 만족을 주지 못한다는 것을 마음 깊이 알고 있다. 우리는 다음의 인간관계, 다음에 가질 직업, 다음에 참가할 행사에서 기쁨을 얻기 원한다. 그래서 여러 일들을 경험하고 쉬지 말고 활동한다. 그런데도 결국 기쁨을 얻지 못한다는 것을 깨닫는다. 심지어 '새로운 방식'으로 기쁨과 즐거움과 만족과 보람을 얻기 바라며 자신을 고쳐나가고 묵은 습관과 태도를 버리려고 노력하지만 기쁨과 즐거움과 만족을 얻지 못한다는 것을 깨닫는다.

내 힘으로 갈증을 풀어보려고 새로 우물을 팔 때마다, 그리고 거기서 '물'을 길 때마다 결국 무엇으로도 갈증을 풀지 못한다는 결론에 이른다. 그래도 우리는 자신이 또다시 우물을 파리라는 것을 마음 깊이 알고 있다. 우리는 우리에게 진짜 필요한 것이 무엇인지 깨닫지 못한다. 하나님 바로 그분이 우리에게 필요하다는 사실을 깨닫지 못한다.

그러나 우물에서 예수님을 만날 때 하나님이 절실히 필요하다는 점을 이해하게 되고, 더 깊이 파 들어가고 진정으로 하나님을 알 때 비로소 진정으로 살아가기 시작한다는 사실을 깨달을 것이다. 예수님은 그 여인이 인생에 대해 더 깊이 생각하도록 이끄시려고 노력하셨다. 그리고 마침내 원하는 결과를 얻으셨다.

문제는 예수님의 말씀이 우리 영혼에 얼마나 깊이 스며드느냐, 우리가 예수님의 말씀에 얼마나 귀 기울이느냐는 것이다. 우리가 스스로 판 우물에서 길어 올리는 것들은 우리 인생에 필요한 것들이 아니다. 우리에게는 이런 것들이 필요한 것이 아니다. 우리에게는 새로운 삶(New Life)이 필요하다! 결코 목마르지 않는 새로운 삶이 필요하다. 예수님은 우리가 이 진리를 깨닫기 원하신다. 우리가 하나님을 알되 가장 절실한 필요를 공급해주시는 원천으로 진정으로 하나님을 알고, 개인적으로 하나님을 알 때 우리가 참되게 살아가기 시작하고, 가득 채워지리라는 것을 공허한 상태에서 깨닫는다.

예수님의 말씀을 들은 여인은 흥분하고 기대하면서 대답한다. 우리도 공허한 상태에서 소망하는 마음으로 구하고 간청하며 그녀가 했던 말을 똑같이 되뇐다.

주여 그런 물을 내게 주사 목마르지도 않고

또 여기 물 길으러 오지도 않게 하옵소서

요 4:15

그런데 여인이 예수님의 말씀을 곰곰이 생각하고 우리도 각자 자신의 삶에 대해 깊이 생각해보는 동안, 예수님은 '생수'에 관한 터무니없는 말씀을 했을 때보다 그녀를 더 혼란스럽게 하는 말씀을 하신다. 예수님의 말씀이 그녀의 웅덩이를 폭로한다.

가서 네 남편을 불러오라

요 4:16

간단한 요청처럼 보인다. 표면적으로는 그렇다. 단지 예수님이 그녀에게 이제 곧 주실 '생수'를 그녀의 남편에게도 주고 싶어 하시는 상황인 것 같다. 제3자 입장에서 보면 그다지 특별한 요청이 아닌 듯하다. 그러나 그 여인의 영혼을 응시하시는 예수님은 그녀가 감추고 싶어 했던 비밀을 그녀의 눈앞에 들이대신다.

이 이야기가 갑자기 어두워지는 것 같지만, 우리는 하나님께서 이 우물과 그녀의 삶에 은혜를 쏟아부어 주시는 장면을 곧 목격할 것이다. 일단 자신의 영혼을 다 쏟아내고 하나님께서 나의 삶에 깊이 파고들어 오시도록 믿고 따르면 당신에게도 은혜를 쏟아부어 주신다.

chapter 04

깊이 파헤치기

○

 우리는 우물로 향하는 길에서 뜻밖의 혼란스러운 모퉁이를 만났다. 예수님은 그 여인이 스스로 파놓은 우물이 그녀가 상상했던 것보다 훨씬 더 깊다는 것을 그녀에게 보여주기로 결정하신다. 우리 인생의 우물도 마찬가지이다. 여기서 우리는 자신을 깊이 파헤쳐야 하며, 먼저 자신을 철저히 쏟아내야만 비로소 더 깊은 차원에서 살아갈 수 있다는 점을 배운다.
 미시시피 강에 세인트루이스 다리를 팔 때 설계도를 그린 공학자가 하청업자에게 말했다.
 "암석에 부딪힐 때까지 계속 파야 합니다."
 하청업자는 현장 감독에게 말했다.
 "암석에 부딪힐 때까지 계속 파야 해요."

현장 감독은 인부들에게 말했다.

"암석에 부딪힐 때까지 계속 파게!"

인부들은 강바닥을 파기 시작했다.

그러던 어느 날 현장 감독이 말했다.

"암석에 부딪혔어요!"

그들은 암석 조각을 공학자에게 보냈다. 공학자는 암석 조각을 보고 말했다.

"아뇨, 이건 암석이 아니라 사암(sandstone)일 뿐이에요. 암석이 나올 때까지 계속 파세요."

인부들이 며칠을 더 파고 나서 "이제 암석이 나왔어"라고 말하면서 다시 조각을 공학자에게 보냈다. 그러나 공학자는 "아뇨, 이것도 암석이 아니에요. 좀 더 단단한 사암일 뿐이에요"라고 말했다. 인부들은 더 깊이 파 내려갔다. 그러던 어느 날 인부들이 크게 함성을 질렀다. 이번에 그들은 암석 조각을 공학자에게 보내지 않았다. 인부들은 "암석이 나왔어요!"라고 말했다.

그 소리를 들은 공학자가 외쳐 물었다.

"그걸 어떻게 알아요?"

인부들이 더 큰 소리로 대답했다.

"불꽃이 튀었거든요!"

바로 그것이다. 불꽃이 튈 때 반석(Rock)에 이르렀음을 알게 되는 것이다. 하나님 앞에서 불이 나온다(레 9:24). 하나님은 소멸하는 불이시다(신 4:24). 불꽃이 튈 때까지 자신을 계속 파헤쳐라. 반석이신 하나님과 일대일로 만날 때까지 자신을 파헤치는 일을 멈추지 말라. 자기 영혼에 스스로 파놓은 우물을 깊이 파헤칠 때 정말로 깊이 파헤쳐 들어가 불이 붙으면 마침내 수원(水源)에 이르렀다는 사실과 거기서 곧 생수를 길어올릴 수 있다는 사실을 알 것이다.

하나님을 일대일로 만나야 하나님께서 영혼 깊이 들어오셔서 우리에게 진정으로 필요한 단 한 가지, 곧 공허함을 가득 채워줄 것이 무엇인지 밝혀주실 수 있다. 우리 안에는 천국에 이르기 전까지 우리 영혼의 가장 깊은 갈망이 채워지지 않으리라는 것을 알 수 있는 공허함이 있다. 우리는 결코 공허함과 그것에 따라오는 모든 감정들을 두려워해서는 안 된다.

기대에 어긋난 갈망 때문에 고통스러울 때 그것을 계기로 우물(Well)로 가는 법을 배워야 한다. 공허함을 느낄 때 그 공허함 때문에 이전에 결코 알지 못했던 갈망을 터트리는 법을 배워야 한다. 우리는 인생이 공허해질 때 우리 안에 깊은 갈망이 있으며, 그 갈망을 없애려고 아무리 애를 써도 그 갈망을 무시하거나 숨기거나 덮어버리지 못한다는 사실을 깨닫는다.

건강과 부(富)를 전하는 번영의 복음은 우리의 공허함을 채워주지 못한다. 우리는 환경이 어떠하든지 관계없이 진정으로 만족하는 법을 배우지 못한 채, 결코 지속되지 않고 제대로 채워주지도 못하는 '일시적인 기쁨'을 얻기 위해 인생의 모든 일들을 조종하며 끊임없이 노력한다. 그렇기 때문에 우리는 믿음이 자라지 못하고 비참하게 실패할 때가 너무 많다. 일시적인 기쁨을 얻기 위해 애쓰면 불만족스러운 부분에서 만족을 얻어도 만족하지 못한다.

파헤치기

사마리아 우물가의 여인은 하나님의 계획 속으로 곧장 걸어 들어갔다. 우리는 하나님께서 우리 인생의 모든 세세한 일들을 지휘하신다는 진리(시 27:3)를 절대 잊으면 안 된다. 예수님은 갑자기 파헤치기 시작하셨고, 그녀는 예수님이 이제 곧 그녀의 영혼에 우물을 파려고 하신다는 것을 전혀 몰랐다.

여자가 대답하여 이르되
나는 남편이 없나이다
예수께서 이르시되
네가 남편이 없다 하는 말이 옳도다
너에게 남편 다섯이 있었고
지금 있는 자도 네 남편이 아니니
네 말이 참되도다

요 4:17,18

예수님과 그 여인 사이에 무거운 침묵이 흘렀으리라고 상상해볼 수 있다. 그 장면을 상상해보면, 예수께서 우리의 가장 어둡고 깊은 비밀을 들춰내실 때 어떤 느낌일지 어렴풋이 감이 잡힐 뿐이다. 충격적이고 믿지 못하겠다거나 어색하다는 정도로는 그런 상황을 적절하게 표현하기 어렵다.

그렇지만 우리가 꼭 처리해야 할 인생의 영역들을 예수께서 우리 눈앞에 들이대실 때 우리는 그녀와 조금도 다르지 않은 상황에 직면한다. 그녀는 그 암담한 상황에서 예수님의 주의를 다른 데로 돌리기 위해 애쓰며 논점을 회피한다. 화제를 바꾼다. 우리도 똑같이 하지 않는가?

> 여자가 이르되 주여 내가 보니 선지자로소이다
> 우리 조상들은 이 산에서 예배하였는데
> 당신들의 말은 예배할 곳이 예루살렘에 있다 하더이다
> 요 4:19,20

여인은 뜬금없이 화제를 바꾼다. 자신의 죄 문제에 쏠린 예수님의 주의를 다른 데로 돌려보려고 갑자기 정치 경제적 화제를 꺼낸다. 예수님은 그녀가 사소한 문제에 관심을 갖고 있다고 신속하게 대답하신다. 예수님은 그녀의 질문에 대해 어디에서 예배하느냐가 아니라 '누구'를 예배하느냐, 종교가 아니라 '관계'에 대한 문제라고 대답하신다. 이것은 오랜

우리는 일시적인 기쁨을 얻기 위해
끊임없이 노력한다.

그래서 불만족스런 부분에서
만족을 얻어도
　　만족하지 못한다.

세월 모든 일을 바르게 행하려고 갖은 애를 다 써본 뒤에 실망하고 낙담한 이들에게 좋은 소식이다. 우리에게는 어떤 것이 더 필요하지 않다. 모든 것을 손에서 놓는 것이 필요하다.

> 예수께서 이르시되 여자여 내 말을 믿으라
> 이 산에서도 말고 예루살렘에서도 말고
> 너희가 아버지께 예배할 때가 이르리라
> 너희는 알지 못하는 것을 예배하고
> 우리는 아는 것을 예배하노니
> 이는 구원이 유대인에게서 남이라
> 아버지께 참되게 예배하는 자들은
> 영과 진리로 예배할 때가 오나니 곧 이때라
> 아버지께서는 자기에게
> 이렇게 예배하는 자들을 찾으시느니라
> 하나님은 영이시니
> 예배하는 자가 영과 진리로 예배할지니라
>
> 요 4:21-24

목마르다면 예수님의 이 말씀은 희소식이다. 내 힘으로 갈증을 해결해보려고 더 이상 애쓰지 않아도 된다. 무언가 더 많이 하는 태도 역시 해결책이 아니다. 스스로 또 다른 우물을 파지 않아도 괜찮다. 예수님은 그 여인에게 내적인 문제는 우리의 삶과 직결되어 있으며 그 사실을 우리의 삶 가운데 우리가 사는 세상에 드러내야 한다는 진리를 밝혀주셨다. 우리에게는 마음을 샅샅이 살피는 일이 반드시 필요하다.

예수님은 바로 거기, 그 여인의 삶과 우리 삶을 파헤치기 시작하신다. 사실 우리는 인간이 타락하면서 잃어버린 것을 목말라한다. 하나님으로부터 멀어진 삶에 열중하고 있다. 어떻게든 갈증을 풀기 위해 어리석고, 비효율적이고, 비도덕적인 전략들을 사용한다. 그러나 그 무엇으로도 만족하지 못한다. 내 힘으로 몰아낼 수 없는 욕구와 순순히 물러나지 않는 고통에 직면한다.

진실을 말하면, 우리는 이기적이다. 우리는 인생이 특정한 방식으로 돌아가기를 원한다. 사람들이 잘 대해주기를 바라고 좋은 일자리와 양호한 재정 상태를 원한다. 즐거움과 안도감을 얻으려고 노력하며 사랑하고 사랑받기 원한다. 자동

차 타이어가 펑크 나지 않기를 원하고 대형마트에서 줄 서서 기다리고 싶어 하지 않는다. 또한 드러내고 싶지 않는 욕구에 자극을 받아 행동한다. 그것은 아마 그리스도인에게 합당한 욕구는 아닐 것이고, 자신의 내면을 들여다보기 민망할 정도로 많은 것들을 폭로하는 욕구일 것이다. 그래서 그런 욕구를 없애달라고 기도한다. 그런 욕구를 이겨낼 수 있는 능력을 달라고 간청하지만 소용없다. 그러면 하나님 때문에 실망했다고 말한다. 또는 하나님께서 그런 욕구를 우리 안에 넣으셨기 때문에 그것이 사라지지 않는 거라고 단정한다.

그러나 우리가 우물(Well)로 가면, 예수께로 가면 우리 마음에 욕구를 가지고 있어도 괜찮다. 그뿐만이 아니라 채우지 못해 아파해도 괜찮다는 것을 깨닫는다. 우리 인생에 해결되지 않은 갈증이 있음을 깨달을 수 있도록 예수님이 도와주시기 때문이다. 예수님이 우리의 삶을 파헤치실 때 그 과정에서 깨닫는 냉엄한 현실이 있다. 죄가 생각보다 훨씬 더 큰 문제라는 것이다.

아무것도 숨기지 못한다

어쩌면 우리 인생은 그 여인의 삶과 근본적으로 다를지 모른다. 그러나 세부적인 면들은 중요하지 않다. 왜냐하면 우리 모두 그 여인과 마찬가지로, 마주하고 싶지 않은 공허함을 우리 영혼 안에 지니고 있기 때문이다. 우리의 공허함은 단 한 번도 가장(家長)의 자리를 지킨 적이 없거나 또는 당신을 학대한 육신의 아버지에게서 비롯되었는지 모른다. 질식할 것 같은 환경에서 과잉보호로 무력감을 안겨주거나 또는 사랑해주지 않은 어머니 때문에 생겼는지 모른다. 사람들에게 가치를 인정받고 필요한 존재가 되려는 절박한 갈망을 낳는 느낌, 곧 자신이 남편이나 아내로서 부족하다는 느낌에서 그 공허함이 유래되었는지도 모른다. 끝까지 화해하지 못해 깨어진 친구관계나 당신을 모함하여 내쫓은 직장동료 때문에 그 공허함이 생겼는지 모른다. 어쩌면 자신의 자녀가 예수님을 믿지 않는다는 사실을 알고, 하나님께서 약속하신 대로(눅 15:4) 잃은 양을 찾으신다는 진리를 확신하지 못할 만큼 마음이 텅 비었기 때문에 생기는지도 모른다. 이런 공허함이 우리가 믿음을 되찾을 수 없을 만큼 어둡고 깊은 곳으로 우리를 내던지기도 한다.

우리는 모두 사연을 지니고 있다. 각자 자신의 공허함을 주제로 책 한 권을 너끈히 쓰고도 남는다. 그러나 우리는 몹시 고통스러울 때 근본적인 진실 한 가지를 깨닫는다. 우리가 세상 어느 누구나 그 무엇도 우리의 갈증을 결코 해결해 주지 못한다는 소름끼치는 현실을 직시해야 비로소 상한 마음으로 겸손하게 하나님을 의지하게 된다는 것이다. 목마름을 부정하는 태도나 더 나아가 직접 우물을 파서 마시려는 시도는 결국 비극적인 결과를 낳을 뿐이다. 자신 안의 깊은 실망을 직시하지 못하고 자신이 죄로 가득하다는 사실을 인정하지 못한다면 일시적이고 표면적인 변화밖에는 기대할 수 없다. 하나님께서는 공허함을 스스로 채우려고 하는 행동이 빚는 결과에 대해 분명히 말씀하신다.

그들이 내 백성의 상처를
가볍게 여기면서 말하기를
평강하다 평강하다 하나

평강이 없도다

렘 6:14

하나님께서는 우리가 하나님을 피해 숨지 않기를 바라신다. 우리는 에덴동산에서 이미 하나님 앞에 아무것도 숨기지 못한다는 사실을 배워야만 했다.

지으신 것이 하나도
그 앞에 나타나지 않음이 없고
우리의 결산을 받으실 이의 눈앞에
만물이 벌거벗은 것같이 드러나느니라

히 4:13

우물가의 여인은 하나님께 아무것도 숨기지 못했다. 우리도 하나님께 아무것도 숨기지 못한다. 우리의 목표는 고통을 누그러트리는 것이 아니다. 채워지기 원한다면 자신을 텅텅 비워내는 것이다. 자신을 다 쏟아내야 한다. 그렇게 하는 것은 고통스럽다. 우리 마음이 심히 거짓되기 때문이다(렘

17:9). 그래서 우리 마음 안에 있는 죄, 즉 회개를 통해 처리해야 하는 죄를 잘 인정하지 않는다.

자신을 비워내고 쏟아내는 일이 고통스럽더라도 거기에는 강력한 목적이 있다. 비워내는 작업이 반드시 필요하다. 왜냐하면 몹시 실망스러운 인생의 문제 때문에 생긴 고통을 깊이 인식해야만 자신이 지금의 고통을 피하기 위해 끝없는 시도를 하면서 가장 깊은 욕구를 감추고 있다는 사실을 깨닫기 때문이다. 내 힘으로 갈증을 풀어보려고 스스로 우물을 파는 행동은 내 마음의 죄에서 비롯된다. 그런데 인생을 살면서 우리가 겪은 고통과 실망을 기꺼이 그리고 깊이 받아들이는 사람은 안타깝게도 매우 드물다.

내 영혼의 갈망

예수님이 우물가에서 하신 말씀을 귀담아 들은 사람이라면 고통이 문제가 아니라는 점을 깨닫는다.

"내 마음의 가장 중대한 죄는 내 힘으로 고통을 덜어내기 위해 필사적으로 시도한다는 거야. 예수님이 나를 채워주시도록 내 인생을 예수님께 쏟아내야 하는데, 그렇게 하기 싫어하기 때문에 공허함이 생기는 거야!"

공허함은 마음을 더 무감각하게 하든지 아니면 하나님을 더 깊이 신뢰하게 하든지 둘 중에 한 가지 일을 할 것이다. 감사하게도 우물가의 여인은 작은 믿음에서 갑자기 물이 솟아나서 자신을 가득 채우는 것을 체험했다. 그러나 그녀는 먼저 과거의 고통을 마주해야 했다. 갈증을 풀려면 물을 마셔야 하는데 죄가 물을 마시기 위해 가는 그 길을 가로막고 있기 때문이다. 우리도 그 여인과 다를 것이 없다. 자신의 힘으로 갈증을 풀어보려고 스스로 우물을 파면서 많은 노력과 에너지를 낭비한다. 그것도 멀쩡한 우물이 아닌 터진 웅덩이를 파면서 말이다.

오직 하나님만이 우리 영혼이 가장 갈망하는 것을 공급해주실 수 있다. 그러나 안타깝게도 우리는 그 사실을 깨닫지 못한다. 마음의 갈망을 채우지 못하면 설명하기 어려운 깊은 고통이 뒤따르고 그 고통과 마주할 수밖에 없다. 시간이 모든 문제를 다 해결해주는 것은 아니며 모든 문제를 해결하는 데 유익하지도 않다. 시간은 그저 특정한 상황을 부정하거나 그 상황을 회피하여 일시적으로 도망치는 힘을 줄 뿐이다. 공허함을 느낄 때 자칫하면 일시적인 즐거움을 찾으려 하거나, 모든 종류의 신경과민 증세를 보이며 힘을 북돋아주는 대상을 붙잡으려고 손을 뻗다가 자신에게 해를 끼치기도 한다. 결국 물 대신 모래가 가득한 두레박을 끌어올린다. 우리는 채워지지 않은 삶의 결과들을 끌어안고 살아간다. 공허함을 느낄 때 인생이 너무나 끔찍하고 고통스럽다고 생각한다. 그래서 '생수'라는 말이 들릴 때 주의를 집중한다. 그러나 그 물을 마시려면 먼저 우리가 왜 목마른지 우리 자신의 내면을 들여다보아야 한다. 자신을 더 깊이 파고들어야 한다.

우리는 그리스도인들이 살면서 자신의 내면을 살피기보다 그렇게 하는 데서 계속 돌아선다는 것을 알고 있다. 공허한 느낌에 주목하여 자신의 '갈증'과 '낙심'과 '절망'을 깊이 조사해보는 행동이 '승리하는 삶'이 아니라고 여기기 때문에 그렇게 하기를 꺼린다. 그러나 똑바로 알아두기 바란다. 예수님은 결코 고통을 부정하고 기독교 신앙으로 덮어서 가리라고 말씀하지 않으셨다. 많은 그리스도인들이 바로 이 한 가지 이유 때문에 승리의 삶에 미치지 못하는 삶을 살아간다.

그들은 자기 내면에서 실제로 일어나는 일들을 처리하는 것을 불편하고 혼란스럽고 당혹스럽게 여긴다. 그들은 인생을 '극복하는' 대신 인생에 '대처하여' 살아간다. 그리고 자신의 내면에서 일어나는 일들을 자기 자신과 다른 사람들에게 숨기고 싶어 한다. 그러나 그것을 드러내는 것이야말로 자신을 파헤치는 작업의 목적이다. 자신을 깊이 파헤쳐서 내면에 구덩이를 파고 단단히 숨겨두었던 것의 긴장이 늦추어질 때 발굴이 혁신으로 이어진다.

자신을 깊이 파헤치지 않으면 영혼의 깊은 고통을 처리하기 위해 멈추지 못하고 그저 멍하니 인생길을 따라간다. 자신을 파헤치는 일을 생수에 이르는 길로 여기고 그것이 살아 계신 하나님과의 친밀한 관계의 시작이라고 이해하는 마음을 품으라. 그러면 그 과정에서 드러날지도 모르는 어떤 일시적인 고통도 감수할 가치가 있다고 생각되지 않을까? 더러운 흙에 파묻힌 채 남아 있을지 아니면 진짜로 살아갈 수 있도록 구덩이에서 건져주시는(시 40:2) 하나님을 믿고 따를지 우리는 선택할 수 있다.

하나님께 **나아가면**
　　　　　　잠시 목말라할 수는 있어도
　　다시 **목마르지** 않을 것이다.

공허함, 목마름은 우리 영혼이 만족하지 못한 상태라는 점을 완벽하게 일깨워준다. 그런데 만일 우리가 예수님도 모르고 예수님을 일대일로 만나지도 않는다면 생수로 갈증을 해결하지 못할 것이고, 사정없이 몰아치는 공허함에 떠밀려 일시적으로 고통을 덜어주는 대상들을 찾아갈 것이다. 우리 인생의 고통과 괴로움은 어떻게 해서든지 위로가 되는 대상을 찾도록 요구한다. 우리 영혼은 위로의 대상을 반드시 찾으려고 한다.

그러나 고통을 직시하고 공허함을 받아들여서 목마름을 풀어줄 수 있는 유일하신 분께로 나아가면 우리는 결코 다시 목마르지 않을 것이다. 하지만 오해하지 말라. 목마름을 풀어줄 수 있는 유일하신 분께로 나아가면 결코 '목마르지'(thrist) 않겠지만 '목말라할지'(thirsty) 모른다. 목말라하는 상태는 일시적이다. 반면에 이 문맥에서 '목마르다'는 단어는 계속 진행 중인 상태를 암시한다.

우리는 계속 우물(Well)로 가야 한다. 인생이 아무리 좋아도 결국 힘들기 때문이다. 왜냐하면 우리의 행복이란 보통 하나님 안에 있는 소망 대신 지금 우리의 환경에 소망의 뿌리를 내리고 있기 때문이다. 우리의 삶은 붕괴되었다. 친구들에게 모욕적인 말을 듣거나, 배우자에게 모진 말을 듣거나, 금전적으로 파산하거나, 버릇없는 자녀 때문에 힘들거나, 인정사정 봐주지 않는 것처럼 보이는 인생의 비극을 겪으면 작은 아픔조차 폭발하여 괴롭고 고통스럽다. 우리는 날마다 너무나 실망스러운 일들에 직면할 것이다. 그리고 그럴 때마다 우리는 목말라할 것이다.

그러나 목마르지 않다면 마실 필요가 없다. 그리고 우물(Well)로 갈 만한 갈증이 없다면 예수님과의 일대일을 결코 체험하지 못할 것이다. 그 갈증이 없으면 생수를 놓칠 것이다. 우리가 목말라하는 이유는 예수님을 더 많이 필요로 하기 때문이다. 우리가 깨닫지 못하더라도, 메마르고 지루한 땅에서 단지 물 한 모금이 필요할 뿐이라고 믿더라도, 예수님은 우리에게 정말로 무엇이 필요한지 아시며 그것이 우리에게 만족을 준다는 사실을 아신다. 우리는 우리가 스스로 속고 있다는 점과 예수님이 우리 마음을 폭로하시고 눈을 열어 주셔야 한다는 점을 좀처럼 의식하지 못한다. 우리는 우리의 눈이 아니라 예수님의 눈으로 인생을 볼 수 있어야 한다. 그렇게 하려면 예수님이 예수님의 마음을 계시해주실 때 내 마음을 잘 살펴야 한다.

쏟아내라!

우리는 끝없는 사랑으로 우리를 사랑하시는 하나님께 존 웨슬리(John Wesley)와 찰스 웨슬리(Charles Wesley) 못지않게 반응해야 한다. 두 사람은 〈웨슬리 형제의 성만찬 찬송〉(Hymn's on the Lord's Supper)에 다음과 같이 적었다.

내 영혼을 취하시고 내 육신의 힘을 취하소서
내 기억, 생각, 의지를 취하소서
내 모든 물질, 시간을 취하소서
알거나 생각하거나 느끼는 모든 것들을 취하소서
말하고 행하는 모든 것들을 취하소서
제 마음을 취하시되 새롭게 하소서
피가 흐르는 주님의 옆구리 가까이로 피해

여전히 거하는 이들,

거기서 힘과 생명을 얻는 이들,

주님 옆에서 움직이고 주님 안에서 사는 이들

큰 복이 있네

우리는 마음을 다하고 뜻을 다하고 힘을 다하여 하나님을 사랑하라는 계명을 들었지만 우리가 그렇게 하지 않는다는 사실을 알고 있다. 인생은 그런 계명들을 서슴없이 내던지는 경향이 있다. 우리는 일상의 힘겨운 싸움을 끝없이 이어지는 싸움으로 여기지 못한다. 그래서 요점을 놓친다. 사소한 일들에 대해 걱정하지만 문제의 핵심은 보지 못하고 지나간다. 그래서 예수님은 우리가 잘못 생각했다고 말씀하신다.

이르시되 이사야가 너희 외식하는 자에 대하여

잘 예언하였도다 기록하였으되

이 백성이 입술로는 나를 공경하되 마음은 내게서 멀도다

사람의 계명으로 교훈을 삼아 가르치니

나를 헛되이 경배하는도다 하였느니라
너희가 하나님의 계명은 버리고
사람의 전통을 지키느니라

막 7:6-8

또 이르시되 사람에게서 나오는 그것이
사람을 더럽게 하느니라
속에서 곧 사람의 마음에서 나오는 것은
악한 생각 곧 음란과 도둑질과 살인과
간음과 탐욕과 악독과 속임과 음탕과
질투와 비방과 교만과 우매함이니
이 모든 악한 것이 다 속에서 나와서
사람을 더럽게 하느니라

막 7:20-23

공허함은 우리 내면의 무언가가 심각하게 잘못되었음을 의식할 수 있도록 해준다. 우리가 그 과정을 잘 견딜지 확신하지 못하기 때문에 그런 점을 마지못해 인정한다 하더라도 하나님께서 우리의 마음을 고치시고 새롭게 하시고 회복하시는 것이 필요하다는 사실을 알고 있다. 우리는 자신을 다 쏟아내야 한다.

우리의 마음

예수께서 생수에 대해 말씀하신다. 그 말씀이 우리 영혼을 사로잡고 마음을 활짝 열도록 사로잡으신다. 그것이 바로 예수님이 원하시는 것이다. 우물가의 여인과 같이 하나님께서 우리 마음을 깊이 파헤쳐주셔야 한다. 왜냐하면 거기에 더러운 흙이 가득 쌓여 생수의 샘이 솟아오르지 못하게 막고 있기 때문이다. 우리는 마음을 지키면서 살아오지 못했다. 더러운 흙이 너무 오랜 시간에 걸쳐 쌓였고 우리는 너무 지쳐서 그 흙을 파내지 못한다.

모든 지킬 만한 것 중에
더욱 네 마음을 지키라

생명의 근원이 이에서 남이니라

잠 4:23

우리는 인생을 바라보면서 그동안 우리가 경험한 것들의 결과로 지금에 이르렀다고 해석한다. 우리 인생과 인생관은 존재 깊은 곳에 있는 것의 결과이다. 우리는 자신의 인생관에 기초해서 선택하고, 행동하고, 현실을 바꿔보고자 애쓴다. 우리는 영혼 깊은 곳에 기초를 두고 살아간다. 그러나 그곳을 거의 이해하지 못한다. 가장 필요한 것은 물이 아니라 새로워진 마음이다. 지금까지 우리는 타락한 인간의 시각으로 인생을 바라봐왔고 하나님과 멀어진 선택과 행동을 습관적으로 해왔기 때문에 예수님과 적절하고 실제적인 관계를 맺으려면 우리의 마음을 변화시켜야 한다.

그렇게 하려면 많은 것들을 해야 한다. 생수는 우리를 철저히 바꾸어놓는다. 개념, 확신, 느낌, 습관, 선택, 성품 등 다양한 면들을 바꿔놓는다. 하나님께서는 우리 영혼의 중심에 다다를 때까지, 우리 영혼이 반석으로 삼고 있는 것에 이를 때까지 가장 깊은 지층을 파헤치고 들어가신다.

하나님께서는 우리 마음을 고통스럽게 파헤치는 과정을 시작하신다. 그러나 우리는 다른 방법을 꾀하는 자신의 모습을 발견할 수 있다. 심지어 때로는 하나님을 밀어내고 차라리 그 일을 내가 직접 하겠다고 선언하기도 한다. 우리는 '무언가'에 다다를지 몰라도 생수에는 이르지 못할 우물을 파려고 애쓰며 끝없이 노력하고, 엄청난 힘을 쏟고, 시간을 낭비한다. 인간의 가장 절실한 갈망에 대한 대답은 예수님이 내미시는 생수이다. 우리에게는 공의(righteousness), 공급, 목적에 관한 대답이 필요하다. 우리가 파는 우물들은 그런 질문에 결코 답하지 못할 것이다. 사실 그것은 오직 하나님만이 대답해주실 수 있는 문제에 답하려고 애쓰는 우리를 더 혼란스럽게 할 뿐이다.

예수님이 없다면, 생수가 없다면 우리는 '내가 왜 여기 있지?', '세상을 계속 돌아가게 하는 것은 뭐지?', '이것이 혼돈의 세상일까, 질서의 세상일까?' 이런 질문들에 정신을 쏟으며 끝없는 생각에 잠길 것이다. 이런 질문들에 대한 대답을 얻지 못하면 인생이 홍수처럼 영혼에 밀려들어와 어떤 환경에 처하든지 그 환경의 바람이 부는 대로 떠내려갈 것이다. 모든 차

이를 낳는 것은 내면, 즉 마음이다. 우리가 아무리 애를 써도 오직 하나님만이 하실 수 있는 것을 바꾸지 못하며 하나님께서 분명히 보실 수 있는 것을 감추지 못한다.

> 여호와께서 사무엘에게 이르시되
> 그의 용모와 키를 보지 말라
> 내가 이미 그를 버렸노라
> 내가 보는 것은 사람과 같지 아니하니
> 사람은 외모를 보거니와
> 나 여호와는 중심을 보느니라 하시더라
> 삼상 16:7

우리의 삶, 우리의 선택, 우리의 감정은 내면 깊은 동기에 기인한다. 그러나 우리는 그런 동기를 드러내는 것이 위험하다고 생각하기 때문에 좀처럼 드러내지 못한다. 자기 영혼의 가장 깊숙한 곳에 있는 것을 깨닫지 못한다. 너무 바빠서, 너무 지치고 낙심해서, 혹은 너무 두려워서 그 깊은 곳을 파헤치지 못한다.

우리는 마음에 더러운 흙이 쌓이면 자신이 결코 심지 않은 어떤 것들이 그 안에서 자라기 시작한다는 사실을 깨닫는다. 그것은 나름의 생명력을 지니고 있다. 그것이 자라고 또 자라면 결국 우리는 어느 날 중요하고 급한 도움이 필요하다는 것을 깨닫는다. 우리의 유일한 소망은 우리가 몹시 하기 싫어하는 일, 곧 우리를 파헤치시는 일을 행하시는 하나님 안에 있다. 오직 하나님만이 우리를 사랑으로 완벽하게 해방시켜 주실 수 있다. 오직 하나님만이 우리를 구하실 수 있다. 공허함은 다음과 같이 절박하게 부르짖는 곳으로 우리를 이끈다.

하나님이여 나를 살피사 내 마음을 아시며

나를 시험하사 내 뜻을 아옵소서

내게 무슨 악한 행위가 있나 보시고

나를 영원한 길로 인도하소서

시 139:23,24

우리 마음을 살피시고 분명하게 아시는 하나님께서는 우

물가의 여인에게 하신 것처럼 우리의 잘못을 지적하기 시작하신다. 그러면 우리는 방어의 목소리를 높인다. 우리는 하나님께서 지적하시는 문제들이 해결하기 어렵고 너무 복잡한 것들이라서 화제로 삼아 상세히 논할 수 없다고 생각하며, 그런 문제들을 차라리 무시하려고 하고, 무시하면 저절로 없어질지도 모른다고 기대한다. 그러나 그런 일은 일어나지 않고 공허함은 그대로 남는다.

하나님께로 가는 오솔길

예수님을 닮으려고 자기 힘으로 애쓰면 모든 노력들이 수포로 돌아갈 것이다. 우리는 종교적인 수단을 통해 우물가의 여인처럼 예수님에 대해 많이 알고 있다. 그러나 실제로는 예수님을 모른다. 만일 우리가 예수님을 정말로 안다면 우리의 진짜 상태를 알 것이고, 따라서 예수님이 우리를 파헤치시도록 할 것이다.

우리는 공허함을 느낄 때 땅의 것들로는 해결하지 못하는

나쁜 것 아래 좋은 것
고통 뒤에 기쁨
공허함 이후에 충만함

메마른 사막 같은 인생에
생수가 있다.

피할 수 없는 인간의 문제에 부딪쳤음을 깨닫는다. 우리는 목말라하지만 이 땅의 것으로는 갈증을 풀지 못한다. 마음이 부서지지만 이 땅의 것으로는 고치지 못한다. 그러나 예수님은 우리 삶에 들어오실 때 생수에 관해 말씀하시고, 조금도 힘들지 않게 안에서부터 바깥으로 다 바꿔놓으시며, 전혀 새로운 방식으로 우리의 주의를 사로잡으신다. 그 순간에 우리는 다른 무엇보다 오직 예수님만 중요하다는 진리를 우물가에서 깨닫는다. 예수님의 말씀이 마음 깊이 스며들어 이전에 알지 못했던 깊은 곳들을 파헤친다. 고통스러워하는 마음이 마침내 하나님의 은혜를 만나고 기적적인 무언가가 일어난다.

예수님은 우리가 혼란스러워했던 부분들을 명쾌하게 밝혀주신다. 상심하게 하시고 바로 싸매주신다(시 147:3). 예수님이 우리를 파헤치실 때 그 과정을 통해 우리 안에 쌓여 있는 더러운 흙더미를 분명히 볼 수 있다. 우리는 종의 마음이 아니라 우상숭배 하는 마음을 갖고 있다. 공허함과 관련한 모든 문제들을 오해했고, 하나님께서 의도하신 순서를 혼란스러워했으며, 다음과 같은 순서로 인생을 정돈하는 대신 제멋

대로 우선순위 목록을 작성했다.

- 하나님
- 영
- 정신(생각과 감정)
- 영혼
- 육신

우리는 정확히 반대의 순서로 살아간다. 하나님을 맨 마지막으로 떨어트린다. 육신에 마음을 고정한 채 그런 태도가 어떤 결과를 몰고 오는지 잊고 말았다.

육신의 생각은 사망이요
영의 생각은 생명과 평안이니라
롬 8:6

우리는 생명과 평안을 바란다. 우리에게는 생수가 필요하다. 그래서 우물로 돌아간다. 그런데 우물가에 이르면 여인의 죄를 직접 들춰내시는 예수님이 무척 무심하게 보인다. 아무리 좋게 보려고 해도 예수님의 그런 행동이 잔인하게 느껴진다. 그녀의 인생이 영 좋지 않게 돌아가고 있다는 것은 명백하다. 그녀는 분명히 인생의 문제로 몸부림치는 중이고 불행하다. 그런데 왜 예수께서 상황을 더 나쁘게 몰아가려는 것일까? 왜 사랑의 하나님께서 그런 일을 하려고 하실까? 왜 사랑의 하나님께서 이미 고통당하고 있는 우리가 더 고통을 겪게 허락하실까?

대답은 간단하다. 하나님께서 우리가 고통을 느끼기 원하시기 때문이다. 고통이 하나님께로 가는 오솔길이기 때문이다. 우리가 세상에서 만족하지 못할 때 하나님께서는 오직 하나님만이 우리를 채워주실 수 있다는 진리를 우리가 분명히 이해하기 원하신다. 자신의 고통을 부정하는 태도는 예수님이 십자가에서 하신 일을 거절하는 태도이다. 십자가는 나쁜 것 아래 좋은 것이 있고, 고통 뒤에 기쁨이 있고, 공허함 이후에 충만함이 있고, 메마른 사막 같은 인생에 생수가 있다는 진리를 계시한다.

우리는 모두 실망스러운 일들을 겪고 아파한다. 그러나

우물가의 여인에게 배우듯, 그저 고통을 달래는 것을 우리 인생의 최우선 순위에 놓을 때 우리는 믿음의 길에서 멀어지며 하나님을 열렬히 따르는 태도를 포기한다. 목마름에는 목적이 있다. 공허함, 고통, 갈증은 이 세상에 속한 것들을 지나치게 꽉 붙잡지 못하게 하는 역할을 한다. 이 세상은 우리 집이 아니다. 하나님께서는 우리가 그 사실을 절대로 망각하지 않기를 바라신다.

생수의 샘

때로는 하나님의 길이 우리를 더 깊은 고통과 실망으로 데려가기도 한다. 사마리아 우물가의 여인은 단지 물을 마시기 원했지만 예수님은 그 이상의 무언가를 내미셨고, 이에 그녀는 생각하지 못한 놀라운 방식으로 영혼을 다 쏟아냈다.

자신을 깊이 파헤치면 강력한 무언가를 할 수 있다. 그렇게 하면 예상보다 훨씬 더 많은 성과를 거두게 된다. 고통스러운 과정을 통해 미처 깨닫지 못하는 사이에 자신에게 영적으로 가장 필요한 것이 무엇인지 의식하게 된다. 더 깊이 파고들수록 더 열렬하고 더 절실하게 하나님을 찾는다. 자신의 현재 상태를 의식하는 데 이를 뿐 아니라 실생활과 인간관계에서 실제로 일어나고 있는 일들을 점점 더 분명히 깨달으며, 분명한 현실을 아닌 척 가장하지 않게 된다. 더러운 흙을 한 삽씩 퍼낼 때마다 내적 평온함을 얻고, 내 힘과 수단으로 나의 가장 깊은 갈망을 채울 수 없다는 점을 깨닫게 되면서 그동안 에너지를 낭비했다는 사실을 분명하게 의식한다.

그리고 무력해지는 그 순간, 그러나 매력적인 그 순간에 생수의 샘에 이르리라는 것을 예상한다. 우리는 하나님께서 한 가지 이유로 우리를 파헤치신다는 사실을 잘 알고 있다. 하나님께서 하시는 모든 일들에는 목적이 있다. 적어도 우리는 지금까지 그렇게 믿어오고 있다. 수원(Source)에 도달하려면 표면 아래로 깊이 내려가야 한다. 그 깊은 곳에 어떤 것들이 비밀리에 숨겨 있고 감춰 있기 때문이다.

여인은 우리와 다르지 않았다. 그녀는 엄연한 진실을 마주했다. 자신의 죄를 마주하고 자신을 다 쏟아내는 행동은 몹시 아프다. 하나님은 우리가 반드시 드러내야 할 진실을 감추려고 힘들게 애쓸 때에도 우리를 만나주신다. 우리의 공허함, 거기에 하나님께서 계신다. 하나님께서는 우리 곁을 결코 떠나지 않으신다. 우리를 죄와 수치 가운데 내버려두지 않으신다. 우리는 그 과정 내내 하나님께서 우리를 파헤치고 계신다는 사실을 확신할 수 있다. 우리는 그 과정에서 하나님의 임재를 확신한다. 하나님께서 이미 시작하신 일을 끝마치시려고 그 과정 안에 계신다.

너희 안에서 착한 일을 시작하신 이가
그리스도 예수의 날까지 이루실 줄을
우리는 확신하노라
빌 1:6

하나님께서 우리를 만나주실 때, 우리가 우리 자신을 다 쏟아낼 때, 하나님께서 우리를 위해 우물을 파기 시작하실 때 결코 예상하지 못한 어떤 일이 일어난다. 사마리아 우물가의 그 여인도 결코 예상하지 못한 어떤 일을 체험했다.

chapter 05

영혼의 우물 파기

○

우리는 살면서 자신이 저지른 잘못을 마주할 때 자신을 방어한다. 그 여인도 다르지 않았다. 기본적으로 그녀는 우리가 종종 하나님께 그렇게 하듯이 반응했다.
"나에게는 하나님의 도움이 필요하지 않아요!"

여자가 이르되

메시야 곧 그리스도라 하는 이가

오실 줄을 내가 아노니

그가 오시면 모든 것을 우리에게 알려주시리이다

요 4:25

속된 말로 그녀는 예수님에게 "상관하지 마세요!"라고 말했다. 우리도 똑같이 말한다. 하나님께서 우리 삶을 파헤치기 시작하실 때 우리는 하나님이 내 인생에 참견하지 않으시면 좋겠다고 생각한다. (하나님은 신속히 처리해야 할 일들이 매우 많으신 분이 아닌가?) 사실 우리는 갈증을 해결하기 위해 스스로 우물을 파는 행동을 종종 되풀이한다. (때로는 새 우물들을 판다. 혹은 이미 팠던 우물들을 단순히 더 깊이 판다.) 심지어 하나님이 나의 일에 참견한다고 버럭 화를 내기도 한다!

가득 채운 말씀

그녀는 인생을 영원히 바꾸어놓은 순간, 그녀를 순식간에 가득 채운 말씀을 들었다.

예수께서 이르시되
네게 말하는 내가 그라 하시니라
요 4:26

그 순간 다 쏟아내어 텅 비었던 그녀의 영혼이 갑자기 충만해졌다. 그리고 우리는 예수님이 그녀에게 약속하신 생수가 흐르기 시작하는 장면을 보게 된다.

여자가 물동이를 버려두고
동네로 들어가서 사람들에게 이르되
내가 행한 모든 일을 내게 말한 사람을 와서 보라
이는 그리스도가 아니냐 하니
그들이 동네에서 나와 예수께로 오더라
요 4:28-30

무슨 일이 일어났다. 알아차렸는가? 그 여인은 물동이를 버려두고 동네로 들어갔다. 그녀의 영혼은 한 가지 깨달음에 사로잡혔다. 그녀는 더 이상 목마르지 않았다. 그렇다면 그 생수에 관한 무엇이 그녀를 그토록 가득 채웠을까? 우리에게도 그녀의 체험이 절실히 필요하다. 그 생수를 더 잘 이해하고 그 물이 어떤 만족을 주는지 더 잘 깨달아야 한다.

먼저 그 생수가 무엇이고 무엇이 아닌지 살펴보아야 한

다. 사실 예수님이 생수를 약속하셨을 때 위로, 즐거움, 경제적 성공, 영원한 환희를 약속하신 것은 아니다. 예수께서 생수에 관하여 말씀하시며 고통을 없애주겠다고 약속하신 것이 아니라면 그 물로 다른 무언가를 약속하신 것이 아니냐는 의문이 생긴다. 사실 예수께서 깊은 고통 중의 평화를 약속하시는 것처럼 보인다. 그러나 인생의 비극적 환경에서 평온히 쉬며 산다는 것은 거의 불가능해 보인다.

생수에 대한 약속은 우리를 우물(Well)이신 예수께 몰아간다. 예수님은 목마를 때 우물(Well)로 가야 한다고 말씀하신다. 예수님께 나와야 한다고 말씀하신다.

누구든지 목마르거든 내게로 와서 마시라
나를 믿는 자는 성경에 이름과 같이
그 배에서 생수의 강이 흘러나오리라
요 7:37,38

생수는 안에서부터 흐른다. 그것이 안에서부터 흐른다면 하나님께서 틀림없이 거기에 우물을 파실 것이다. 우리의 영

하나님은 우리의 **마음**을 여신다.
　　내면의 **고통**을 드러내신다.

혼은 그야말로 발굴 현장이다. 거기에서 감춰진 진실을 드러내고, 처리하고, 그 결과를 전하는 일이 일어난다. (사마리아 우물가에서 정확히 그런 일이 일어났다.)

생명의 우물

우물의 중요성을 이해하려면 구약 시대로 돌아가 사람들의 삶을 살펴보아야 한다. 그 당시에는 우물을 파서 지하수를 이용했다. 그것이 생명을 유지하는 방법이었다. 창세기 26장을 보면, 이삭이 물이 필요해서 식구들과 종들과 가축들을 데리고 거주지를 옮겨 이사했다는 사실을 알 수 있다. 이삭은 자기 아버지 아브라함이 이용했던 우물들을 다시 팠다. 창세기 26장 25절에는 새로운 곳으로 이주한 이삭이 제단을 쌓고, 장막을 치고, 우물을 팠다는 내용이 나온다. 이삭은 종들이 물의 위치를 정확히 찾아냈을 때 식구들과 가축들이 영구히 거주할 수 있는 장소를 발견했다. 우리에게는 수원(Source)이 필요하다. 거주할 수 있는 곳, 만족스럽게 생명을 유지할 수 있다고 확신할 수 있는 곳이 필요하다.

하나님께서 생수를 가득 채워주실 목적으로 우물을 파러 오실 때 한 가지 과정을 따라서 행하신다. 세부적인 부분들(우리 삶의 더러운 흙)은 다를지 몰라도 그 과정은 언제나 동일하다.

첫째, 하나님께서는 먼저 우물을 파기 시작할 땅을 선택하신다. (우리가 모두 빨리 배워야 하는 진리가 있다. 내 방식대로 하나님께 가는 것이 아니라 하나님의 방식대로 하나님께 가야 한다는 점이다.) 하나님께서는 우리 삶의 특정 영역에 우물을 파기로 선택하시는데, 구체적으로 어떤 영역에 우물을 파기로 선택하시느냐 하는 문제는 우리가 관여할 일이 아니다. 하나님께서는 하나님이 무슨 일을 하고 계시는지 가장 잘 아신다. 예수님은 그날 사마리아의 우물가에서 그 여인을 만나기로 이미 결정하셨다. 그것은 그녀가 작정한 만남이 아니라 하나님께서 직접 계획하신 만남이었다.

우리가 꼭 알아두어야 할 점이 있다. 우리가 인생길에서 체험한 가장 실망스러운 일, 그것이 무엇이든지 간에 하나님께서 바로 그 지점에 우물을 파시리라는 점이다. 우리 삶에 가득 들어차서 하나님을 모셔 들이지 못하게 방해하는 흙들을 하나님께서 곧 퍼내실 것이다. 하나님께서는 우리 삶의 우선순위를 다시 정하시고 우리의 마음을 바꿔주기 원하신다. 하나님께서는 모든 것들을 더 좋게 만들어가시는 것이 아니라 새롭게 만들어가고 계신다.

보라 내가 새 일을 행하리니
이제 나타낼 것이라
너희가 그것을 알지 못하겠느냐
반드시 내가 광야에 길을 사막에 강을 내리니
사 43:19

하나님께서는 우리 인생의 모든 면들을 새롭게 하실 목적으로 가정과 가족, 교회와 사역, 이웃, 대인관계, 직업, 태도(이런 목록은 계속 이어지는데)와 같은 영역에서 각자의 삶을 내적으로 깊이 살피도록 요구하실 것이다. 하나님께서는 실망스러운 일들, 깨어진 꿈들이 있고, 일상에 우선순위를 차지하는 욕구들이 있는 그곳을 파기 시작하실 것이다.

하나님께서는 사마리아 우물가의 그 여인에게 하셨던 것과 똑같이 우리의 마음을 여실 것이고 그다음에 우물을 파기 시작하실 것이다. 마음을 열어 보이는 것은 고통스러운 과정이다. 내면의 고통을 드러내기 때문이다. 그러나 그 과정은 우리가 누구인지 핵심을 드러낸다. 그리고 그렇게 드러난 우리의 모습은 그다지 아름답지 않다. 우리가 우리 인생의 가장 추한 부분들을 가장 어두운 곳에 던져버리고 싶어 해도, 예수께서 그것들을 처리하고 제거하고 다 쏟아내서 우리 영혼을 생수로 충만하게 채우시기 위해 그것들을 밝은 데로 드러내신다.

우리에게는 구원자가 필요하다. 회개하고 구원받는 날 하루뿐 아니라 인생의 모든 순간마다 구원자가 필요하다. 단지 구원받기 위해서가 아니라 더 많은 영역에서 그분이 필요하다는 사실을 깨달을 때, 그분이 우리의 삶에 곧 행하실 일과 이적을 체험할 준비를 갖출 수 있다.

역경은 종종 평범한 사람이 평범하지 않은 삶을 살아갈 준비를 갖추어준다.

● C. S. 루이스(C. S. Lewis)

둘째, 하나님께서는 결단의 장소, 곧 우리의 상태와 하나님이 절실하게 필요하다는 사실을 깨닫는 곳으로 우리를 데려가실 것이다. 하나님께서는 생수를 공급하시기 위해 우리에게 갈증을 허락하신다. 공허한 까닭은 하나님께서 충만히 채워주려고 하시기 때문이다. 이 결단의 장소는 하나님께서 내 인생에서 역사해주시기 원한다는 사실을 내가 깨닫는 곳이다. 우물가의 여인처럼 "주여 그런 물을 내게 주사…"(요 4:15)라고 분명하게 말하는 곳이 바로 결단의 장소이다. 이 결단의 때는 하나님께서 내 삶에 우물을 파시도록 내가 준비하는 때이다. 공허함에 분명한 목적이 있고 하나님께서 계획을 갖고 계신다는 점을 깨닫고 모든 것을 하나님께 맡기는 때이다.

셋째, 하나님께서는 우물가의 여인에게 하셨듯이 우리 영혼의 땅에 우물을 파기 시작하실 것이다. 하나님께서는 우리 삶 가운데 있는 옳지 못한 무언가를 드러내신다. (그러나 주의하라. 예수님과 일대일로 만나는 시간을 갖지 않으면 그런 일은 결코 일어날 수 없다.) 하나님께서는 우리 마음 가운데 하나님의 뜻에 일치하지 않는 곳들을 드러내기 시작하실 것이다.

이 단계는 성경에 기록된 예수님의 말씀을 주목하는 것과 관련이 있다. 또한 예수께서 하시는 말씀과 성경에 약속하신 말씀이 진리임을 이해하기 시작하는 것과 관계가 있다. 사마리아 우물가의 여인은 예수께서 그녀가 행한 모든 일을 말씀하셨을 때(요 4:28) 자신도 모르는 일생일대의 변화를 체험했다. 예수님은 우리가 지금까지 행한 일들을 다 알고 계신다. 그러나 그 모든 일을 문제 삼지 않으신다. 예수님은 우리가 생수를 얻도록 예수님 가까이 끌어당기신다. 예수님은 우리가 우리의 욕구를 채우느라 열중하면서 목말라한다는 사실을 알고 계신다. 바로 그래서 우물가에 계신다. 예수님은 목마른 우리가 충분히 마실 준비를 하고 예수님을 찾아 우물로 나올 것을 알고 계신다.

넷째, 마른 땅은 파기 어렵다. 잡초를 뽑아보았는가? 마른 땅의 잡초와 젖은 땅의 잡초 중에 어느 쪽이 더 뽑기 쉬울까? 마른 땅은 잡초 뿌리를 단단히 붙잡는다. 우리가 인생의 시련과 실망스러운 일들을 겪을 때 마음에 마른 땅이 생기고, 그 마른 땅은 단단해진 마음에 박힌 잡초 뿌리들을 꽉 붙잡는다. 아마 당신이 부르짖으며 쏟아낸 모든 눈물 덕분에 마른 땅 같은 당신의 마음이 진흙만큼 부드러워졌을 거라고 생각할지 모른다. 하지만 오히려 그 눈물 때문에 마음이 더 메마르고, 그래서 공허함을 느낀다. 공허한 상태에서 내면의 물은 다 마르고 마음은 모든 소망을 잃는다. 결국 신기루 같은 기쁨조차 누리지 못한다.

그러나 꼭 알아야 할 것이 있다. 하나님께서는 당신의 영혼에 일어나야 하는 발굴 작업을 위해 완벽하게 준비하고 계신다. 하나님께서는 그 일에 능숙하시다.

하나님의 약함이
인간의 강함보다
더 강합니다.

고전 1:25, 새번역

하나님께서는 우리가 바라거나 상상하는 그 이상의 일들을 행하실 능력을 갖고 계신다.

우리 가운데서 역사하시는 능력대로
우리가 구하거나 생각하는 모든 것에
더 넘치도록 능히 하실 이에게
엡 3:20

하나님께는 마른 땅과 같은 우리 영혼의 상태가 문제가 아니다. 단, 우리가 믿고 따라야만 하나님께서 그 땅을 파실 것이다. 어쩌면 예수님의 곁을 떠나고 싶은 유혹을 받을지도 모른다. 사마리아 우물가의 여인은 은밀한 사생활을 들춰내시는 예수님을 불쾌하게 생각했을 수도 있다. 그러나 마음을 열고 그분을 있는 그대로 구원자로 알아보았다. 예수님과 일대일로 만나는 시간이 불편할지 모른다. 하지만 예수님이 우리 영혼에 파시는 우물은 삽질의 고통을 달게 참아낼 만한 가치가 있다.

다섯째, 우리 삶에 우물을 파시는 하나님의 일은 물과 관계있지 더러운 흙과는 무관하다. 우리는 하나님께서 우물을 파시는 동안, 하나님께서 그 일을 다 마치시기까지 기다리지 못하고 너무 자주 싫증내며, 하나님께서 정말 충분하게 파헤치셨기 때문에 더 이상은 기다리지 못하겠다고 한다. 우리는 하나님께서 파내신 더러운 흙더미, 곧 우리 영과 영혼과 마음과 육신의 잘못된 것들을 보기 시작할 때면 마치 그 일이 영원히 끝나지 않을 것 같은 유혹을 받는다.

그러나 예수님께 시선을 고정하라. 물에 초점을 맞춰라. 엄청난 양의 더러운 흙을 뚫고 들어가야 생수에 이르게 된다. 하나님께는 하실 수 없는 일이 없다(렘 32:17). 하나님께서 그 일을 잘 해내실 뿐 아니라 그 일을 통해 생수를 공급해주실 것을 굳게 믿어라.

우리에게는 생수가 절실히 필요하다. 그 물이 아니면 갈증을 풀지 못한다. 성경을 통해 생수가 무제한으로 공급되며 생명을 주고 삶을 증진시키는 데 사용된다는 사실을 깨달을 때 우리도 우물가의 여인과 마찬가지로 하나님께서 우리에게 그 물을 주시기를 갈망한다. 하나님께서 생수를 주시는 과정에 있더라도 우리는 생수의 강이 내면에서부터 흐르리라는 것을 확신한다.

나를 믿는 자는 성경에 이름과 같이
그 배에서 생수의 강이 흘러나오리라
요 7:38

우리 안에서 생수가 솟아나도록 하나님께서 우물을 파실 때 가장 중요한 것은 내가 예수님과 함께 있다는 사실을 깨닫는 것이다. 이것을 반드시 이해해야 한다. 우물가의 여인은 자신이 성경에 약속된 메시아와 이야기를 나누고 있다는 사실을 깨닫고 거의 자신을 억제하지 못했다. 예수께서 그녀의 마음에 있는 바위를 치신 순간 수맥이 터졌다. 그러자 그녀의 영이 샘물로 흘러넘치기 시작했고, 감격한 그녀는 물동이를 버려두고 급히 마을로 달려가 예수님을 만난 일을 전했다.

여자의 말이
내가 행한 모든 것을

그가 내게 말하였다 증언하므로
그 동네 중에 많은 사마리아인이 예수를 믿는지라
사마리아인들이 예수께 와서
자기들과 함께 유하시기를 청하니
거기서 이틀을 유하시매
예수의 말씀으로 말미암아 믿는 자가 더욱 많아
그 여자에게 말하되
이제 우리가 믿는 것은 네 말로 인함이 아니니
이는 우리가 친히 듣고
그가 참으로 세상의 구주신 줄 앎이라 하였더라

요 4:39-42

마을 사람들은 그녀를 잘(well) 알고 있었고 그녀의 우물(well)을 알고 있었다. 그들은 그녀의 인생을 잘 알고 있었고 그때까지 그녀가 어떤 삶을 살아왔는지 목격했다. 그러나 그들도 무언가 직접 보았고, 그것이 그들의 마음을 바꾸어놓았다. 그들은 반석에서 물이 나오는 것을 보았다. 반석에서 물이 나왔다고? 무슨 말인지 잘 모르겠는가? 그 말이 무슨 뜻인지 이해해보기로 하자.

반석에서 나오는 물

이 상황과 우리의 삶을 깊이 살펴볼 필요가 있다. 반석에서 나오는 물을 잘 이해하기 원한다면 출애굽기 17장을 보라. 그러나 유념할 것은, 출애굽기 17장 사건은 하나님의 선택을 받은 이스라엘 백성들이 포로 상태에서 해방된 이후, 홍해가 갈라진 이후에 일어났다는 사실이다. 그들은 불평하고 원망하고 절망했다. 하나님께서 나타나셔서 그들을 위해 일해주시기 원했고, 하나님께서 그럴 만한 능력을 갖고 계신지, 혹은 그럴 마음을 갖고 계신지 의심했다.

내가 호렙 산에 있는

그 반석 위 거기서 네 앞에 서리니

너는 그 반석을 치라

그것에서 물이 나오리니 백성이 마시리라

모세가 이스라엘 장로들의 목전에서 그대로 행하니라

출 17:6

그런데 여기서 주목할 점은 이스라엘 백성들이 불평한 것이 그때가 처음이 아니라는 사실이다. 그전에 그들은 마라에 이르렀을 때 그곳의 물이 써서 마시지 못하겠다고 불평했다(출 15:22-27). 물론 출애굽기 17장은 그 이후에 르비딤에서 일어난 사건이다. 하나님께서는 그들을 끔찍한 비극에서 몇 차례 구해주셨고, 신선한 만나를 매일 공급해주셨으며, 생명을 지탱할 수 있도록 은혜를 계속 부어주셨다. 생존의 차원에서 볼 때 그들은 절망적이지 않았다. 그들은 하나님께서 은혜로 역사하시는 광경을 직접 목격했다. 자포자기하고 싶은 마음을 과장하는 사람, 안락하기 원하는 사람들이 그런 불평을 쏟아낸다. 그런 사람들은 인생의 역경에 실망하고, 하나님께서 생존에 필요한 것들을 공급해주시지 않을 때가 한 번이라도 더 있을지 모른다고 낙담한다.

사실 그들은 하나님께서 그들이 광야에서 죽도록 그냥 내버려두지 않으시리라는 것을 알고 있었다. 매우 잘 알고 있었다. 하나님께서 그때까지 그들을 정말 여러 번 지켜주셨기 때문이다. 하나님께서는 이적에 이적으로, 그들을 바로 그 지점까지 데려오셨지만 그들은 거기서 또다시 소리를 높여 하나님을 원망했다. 그들은 하나님을 기다리지 않았다. 우리도 종종 그렇다. 우리는 지금 바로 만족하기 원한다. 이스라엘 백성들과 마찬가지로, 하나님의 계획에 우리의 뜻을 불쑥 집어넣으려고 한다. 우리의 기도는 간청(requests)에서 요구(demands)로 급격하게 바뀌고 그것 때문에 장면 전체가 달라진다.

이스라엘 백성들은 르비딤에서 하나님께 다시 불평했다. 이번에는 전에 마라에서 불평했을 때와 환경도 달랐고 따라서 구조 방법도 전보다 더 강력할 필요가 있었다. 이스라엘 백성들이 마라에서 불평했을 때 하나님께서는 쓴 물을 달게 만들어주셨다. 그러나 이스라엘 백성들은 그 이적에 전혀 감동을 받지 못했던 것 같다. 하나님은 이번에는 생명을 주는 물을 바위에서 나오게 하기로 결정하신다. 대체 어떻게 메마르고 척박한 땅의 단단한 돌덩이에서 엄청난 숫자의 군중이 마실 수 있는 강물을 낼 수 있을까? 이때 인류 역사에 메아리치

우리의 공허한 마음에
　　　　울려 퍼지는 주님의 음성

"여호와께 능하지 못한 일이 있겠느냐."

며 우리의 공허한 마음 안에 울려 퍼지는 말씀이 갑자기 들려온다.

여호와께 능하지 못한 일이 있겠느냐
창 18:14

하나님의 이적을 많이 체험한 이스라엘 백성들이 의심하는 순간, 하나님께서는 바위에서 물을 내셔서 그들의 갈증을 풀어주신다.

반석을 여신즉 물이 흘러나와
마른 땅에 강같이 흘렀으니
시 105:41

우리는 예수께서 약속하시는 생수를 주목한다. 그리고 하나님께서 우리의 생존에 중요한 무언가를 나타내시려고 그것을 사용하신다는 사실을 깨닫는다. 바위(Rock)에서 나오는 물을 마셔야 한다. 그 반석은 그리스도이다.

다 같은 신령한 음료를 마셨으니

이는 그들을 따르는 신령한 반석으로부터 마셨으매

그 반석은 곧 그리스도시라

고전 10:4

이 구절은 출애굽기 17장에 나오는 호렙 산의 그 바위가 바로 그리스도라고 말한다. 반석(Rock)이신 예수님에게서 생수가 흘러나온다.

이사야서 55장 1절은 하나님께서 갈증을 풀어주실 것을 예언한다.

오호라 너희 모든 목마른 자들아

물로 나아오라

돈 없는 자도 오라

너희는 와서 사 먹되

돈 없이, 값없이 와서 포도주와 젖을 사라

사 55:1

우물가의 여인이 그랬듯이 예수님께 가기만 하면 된다. 그녀는 목마른 상태에서 예수님을 만났고 그 사건이 모든 것들을 바꾸어놓았다.

진리에 목마르다

지금까지 우물가에서 예수님을 만나는 순간에 대해 좀 더 깊이 살펴보았고 실생활에 적용할 원칙들을 발견했다. 그러나 무언가 놓쳤을지 모른다. 어쩌면 그 여인을 바꾸어놓은 중요한 요소를 보지 못하고 넘어갔을지도 모른다. 여인과 예수님의 대화의 방향뿐만 아니라 그녀의 인생까지 바꾸어놓은 요소가 무엇이었을까? 알아차렸는가?

그것은 바로 예수님께서 하신 말씀이었다. 예수님의 말씀이 그녀의 마음에 있는 바위를 쳤고 그러자 거기에서 갑자기 생수가 솟아났다. 따라서 생수를 마시기 원하면, 공허한 상태에서 충만하게 채워지기 원하면 예수님이 나에게 무엇을 말씀하고 계신지 알아야 한다. 예수님이 당신에게 무엇을 말씀하고 계신지 아는가? 오직 예수님을 믿는 믿음으로만 우리의 갈증을 풀 수 있고, 예수께서 그런 갈증을 가진 우리를 우물로 데려오셨다.

우리가 공허함과 목마름을 느끼는 까닭은 '지금 여기에서'(here and now) 당장 갈증을 풀 수 있는 소망만을 계속 뒤좇기 때문이다. 그러나 그런 소망을 뒤좇으면 결코 만족하지 못한다. 그리스도 안에 있는 소망은 이 세상의 삶만을 위한 것이 절대 아니다. 만일 하나님께서 이 세상과 관련된 행복만을 가득 채워주신다면 참된 소망은 전부 사라지고 결국 우리는 목마를 것이다.

만일 그리스도 안에서 우리가 바라는 것이
다만 이 세상의 삶뿐이면
모든 사람 가운데 우리가 더욱 불쌍한 자이리라

고전 15:19

생수는 다음과 같은 점에서 만족을 준다. 우리는 공허함 때문에 계속 갈망하지만 이 세상에 있는 것들이 아닌 영원의 세상에 있는 것들을 갈망한다. 그것은 천국에 있는 것들에 대한 소망이다. 그 소망이 우리를 지탱해주고, 낙심을 바꿔 놓으며, 만족하며, 인내하게 할 것이다. 생수는 샘을 공급한다. 그 샘에서 마시면 어떤 환경에서든지 십자가에 시선을 고정하고 하나님을 섬길 수 있고 자신의 인생을 향한 하나님의 목적을 따라 살아갈 수 있다. 그리스도 안에 있는 소망이 믿음을 지탱하고, 그리스도께서 우리 대신에 행하신 일이 영혼에 만족을 준다.

생수는 우리의 삶에 다음과 같은 모습으로 나타난다.

- 길을 잃은 배우자, 방탕한 자녀, 상처 준 친구를 사랑한다.
- 가장 비통한 사람에게 기쁨을 준다.
- 재정적으로 어려워도 평온하게 산다.
- 시간이 없어도 인내를 발휘한다.
- 그러고 싶지 않아도 친절하게 대한다.
- 비록 내 인생이 형편없다 해도 다른 사람들에게 유익을 준다.
- 한 치 앞도 보이지 않을 때 믿음으로 걷는다.
- 화합하기 어려운 사람들을 온유하게 대한다.

• 인생이 걷잡을 수 없이 소용돌이칠 때 자신을 통제한다.

생수는 바로 이런 성령의 열매를 키운다(갈 5:22-23 사랑, 희락, 화평, 오래 참음, 자비, 양선, 충성, 온유, 절제). 생수를 마시면 하나님께서 모든 순간 모든 상황에서 선(good)을 행하신다는 진리로 충만하게 채워질 수 있다. 또한 시련 가운데 있을 때, 그리고 우리가 고통당할 때라도 하나님께서 함께하시고 능력을 베푸시며 축복해주신다는 진리로 가득 채워질 수 있다.

우리는 우물가의 여인과 마찬가지로, 우리가 정말로 갈망하는 것이 하나님과의 만남이라는 것을 미처 깨닫지 못한다. 그리고 내 힘으로 갈증을 풀어보려고 스스로 우물들을 파면서 하나님이 계속 내미시는 생수를 무시한다.

우리는 목마를 때 우물가에서 다음 세 가지를 배울 것이다.

첫째, 하나님은 우리를 축복해주기 원하신다. 일상에서 이와 정반대되는 환경적 증거들을 많이 발견할지도 모른다. 그러나 하나님께서는 우리를 차고 넘치도록 축복해주기를 좋아하신다. 하나님께서는 하나님의 가장 좋은 것들을 우리에게 아끼지 않겠다고 약속하신다.

> 여호와께서 은혜와 영화를 주시며
> 정직하게 행하는 자에게
> 좋은 것을 아끼지 아니하실 것임이니이다
>
> 시 84:11

그렇다면 당신의 현재 상황을 축복으로 여기면 어떤 일이 일어날까? 당신의 인생을 이루는 요소들 중에 눈에 보이지 않는 것이 있고, 하나님께서 당신이 전혀 이해하지 못하는 방식으로 실제로 축복하고 계신 것이라면 어떨까? 담대히 용기를 내서 하나님만이 하나님이시며, 나는 하나님이 아님을 믿으면 어떤 일이 일어날까? 지금 걷고 있는 고통의 오솔길이 기쁨으로 향하는 여정이라고 믿으면 어떤 일이 일어날까?

둘째, 우리가 가장 깊이 바라는 것은 하나님을 만나는 것이다. 우리는 하나님 바로 그분을 기뻐하는 말할 수 없는 즐거움을 얻기보다 그보다 못한 인생의 즐거움을 얻으려고 계속 애쓰는 경향이 있다. 우리는 아우성치는 일상 속에서 하나님과의 처음 사랑을 버렸다.

> 그러나 너를 책망할 것이 있나니
> 너의 처음 사랑을 버렸느니라
> 계 2:4

하나님께서는 오직 하나님만 사모할 때 마음의 소원을 이루어주신다.

> 또 여호와를 기뻐하라
> 그가 네 마음의 소원을
> 네게 이루어 주시리로다
> 시 37:4

먼저 해야 할 것을 먼저 해야 한다. 우리에게 정말 필요한 것이 무엇인지 알아야 한다. 공허함의 목적을 확실히 이해해야 한다. 공허함의 목적은 하나님을 사모하는 데 있다.

예수님께 나아가기만 하면 된다.

주님을 만나야 한다.

셋째, 공허함은 우리가 하나님을 사랑한다는 사실을 일깨워준다. 하나님께서는 우리가 공허한 상태에서 갈증을 느끼게 허락하신다. 그 갈증은 우리를 우물(Well)로 데려간다. 이것은 하나님께서 어떻게 모든 것들을 우리의 유익을 위해 사용하시는지 보여주는 뛰어난 예이다. 공허함에는 분명한 목적이 있다. 공허함은 하나님의 능력을 체험할 수 있는 기회이다. 어느 순간 우리는 사마리아 여인이 체험한 것과 다르지 않은 고통을 경험할 것이다. 하지만 더 이상 건져달라고 요구하지 않을 것이다. 하나님께서 함께하신다는 사실을 알고 영혼의 평화를 얻을 것이다. 왜냐하면 지금부터 말하는 내용이 진리의 핵심이기 때문이다.

암이 사랑하는 사람의 생명을 앗아갈 것이다. 알코올중독이 간경화를 가져올 것이다. 이혼을 경험할 것이다. 깨진 우정을 되돌리지 못할 것이다. 임신하지 못할지도 모른다. 재산을 압류당할 것이다. 일평생 외로울지도 모른다. 그런데 하나님께서 옆에서 구경만 하고 아무것도 하지 않으실 것이다. 우리는 비참한 기분이 들고 우리가 생각할 수 있는 하나님에 대한 모든 종류의 감정을 느낄 것이다. 공허함을 느끼고 낙심할 것이다. 예배하기보다 걱정하는 데 더 많은 시간을 보낼 것이다. 기도도 무의미한 것처럼 보일 것이다. 영혼의 심전도 그래프는 수평으로 이어지고 숨이 끊어진 영혼을 되살리지 못할 것이다. 그럴 때 오직 하나님만 구원하실 수 있다는 것을 깨달을 것이다. 목마를 때 오직 하나님의 생수만이 갈증을 풀어줄 것이다. 하나님께서는 우리가 바로 그 사실을 알기 원하신다. 그래서 우리가 공허함을 느끼는 것이다.

우리는 영혼이 목마를 때, 인생의 문제가 다 없어져도 만족하지 못할 때, 자신을 다 쏟아냈을 때, 하나님으로부터 무엇이 비롯되었든지, 하나님이 어떤 분이든지, 하나님 한 분이면 충분하다는 것을 우물가에서 견딜 수 없이 목말라하며 깨닫는다. 하나님께서는 우물가의 여인에게 하셨던 것과 똑같이 우리를 가득 채워주신다.

한 여인이 우물가에서 어떤 순간을 체험했을 때 많은 사람들의 인생을 바꾸어놓았다. 이렇게 예수님을 체험한 한순간이 우리 인생을 바꿀 수 있다. 우물로 갈 때, 예수께 계속 가까이 다가갈 때, 그분을 일대일로 만날 때 그렇게 된다. 예수님이 당신의 영혼에 필요한 만큼 우물을 파시도록 믿고 따르

라. 당신의 영혼의 우물 밖에 쌓여가는 더러운 흙이, 예수께서 당신을 텅텅 비우고 다 쏟아내고 계시다는 것과 이제 곧 당신의 내면에서 생수의 샘이 솟아나게 하시리라는 것을 증명해준다.

이 점을 꼭 알아두어라. 당신은 자신이 무엇에 목말라하는지 알고 있다고 생각한다. 하지만 당신이 진정으로 갈망하는 것은 그것이 아니다. 당신은 물에 목마른 것이 아니다. 진리(Truth)를 갈망하고 있다. 예수님은 당신이 믿음 충만한 삶을 살도록 당신을 비우는 일을 하고 계신다.

chapter 06

믿음으로 걷기

O

예수님이 요한복음 10장에서 이렇게 말씀하셨다.

내가 문이니
누구든지 나로 말미암아 들어가면 구원을 받고
또는 들어가며 나오며 꼴을 얻으리라
도둑이 오는 것은 도둑질하고 죽이고
멸망시키려는 것뿐이요
내가 온 것은 양으로 생명을 얻게 하고
더 풍성히 얻게 하려는 것이라
요 10:9-11

우리는 물질적인 세상을 통해 공허함을 채우려고 끊임없

이 노력한다. 그러나 진정한 만족을 주는 것은 영적인 영역에 있다. 세상의 자원들을 다 동원해도 진정한 갈증은 결코 풀지 못할 것이다. 그리고 우리가 다른 방법으로 생수를 얻고 싶어 해도, 우리 마음에 우물을 이루고 있는 어둠의 구멍 안을 파고들어가야 한다는 것은 불가피해 보인다. 우리는 우리가 어떤 믿음과 소망을 원하는지 알고 있다고 생각한다. 그러나 우리가 정말로 원하는 믿음과 소망은 그런 것들이 아니다.

얼핏 보기에 우리는 인생의 일들이 '잘' 돌아가기 원한다. 인간관계에 문제가 생기지 않기를 바라고, 은행 계좌의 예금액이 계속해서 채워지기를 바라고, 자녀들이 나를 공경하며 지극한 존경심과 사랑을 보여주기를 바라고, 배우자가 아침마다 자신과 가족들을 위해 기도해주기를 바라고, 완전한 건강 증명서를 바라고, 눈물 흘릴 일이 없기를 소망한다. 그러나 인생은 그렇게 돌아가지 않는다. 아닌가?

사실 인간관계는 회복이 불가능할 정도로 파괴되고, 재정적으로 파산하고, 방탕한 자녀들은 약물에 중독되어 감옥에 가고, 배우자는 수없이 나를 배신하고, 건강이 나빠지고, 눈물에 빠져 익사하고 말 거라고 확신하기에 이른다. 우리 영혼은 가득 채워질 필요가 있다. 그러나 우리가 생각하는 방식으로 채워지지 않는다. 참된 소망은 행복이 넘치는 삶에서 나오지 않는다. 참된 소망은 의심이 가득해도 믿음으로 걷는 삶, 환경이 어떠하든지 평온하게 걷는 삶에서 나온다. 그런 소망이 없다면 다른 어떤 것도 없다.

공허함에는 목적이 있다. 공허함은 하나님께서 우리 삶에 우물을 파기 시작하시도록 길을 내준다. 그 과정에서 우리는 무엇이 정말 중요하며, 무엇이 가치 있는지를 배운다. 공허함은 잘못된 기대를 버리고 참된 소망을 발견하도록 돕는다. 하나님께서 우물을 파시는 이 과정을 통해, 다시 말해 하나님께서 우리 마음을 파고들어 오시는 동안 반석(Rock)에서 생수가 솟아나온다. 그 생수는 이전에 경험해보지 못한 무언가를 가져다준다. 기쁨이다.

참된 소망, 평화, 기쁨은 환경의 문제를 해결한다고 해서 나오는 것이 아니다. 그것들은 하나님께서 인생을 근사한 포장지로 싸서 예쁜 리본을 매주신다고 나오지 않는다. 소망과 평화와 기쁨은 무슨 일이 일어나든지 하나님을 신뢰할 수 있다는 진리를 깨달을 때 나온다. 하나님께 무언가를 요구하기보다 오직 하나님만 사랑하는 아름답고 놀라운 결단이다.

예수님도 아파하셨다

성경에는 예수님의 강한 면도 나오지만 약한 면도 나온다. 우리가 우리의 부족한 믿음을 내던지고 하나님의 성품마저 무시하고 싶은 유혹이 들 때 우리는 겟세마네 동산의 예수님을 발견한다. 인류 역사상 가장 결정적이었던 그 순간에 예수님, 만왕의 왕께서 맥없이 주저앉으시는 것 같다. 더욱이 가장 친밀했던 세 명의 제자들 앞에서 무너지셨다. 주님이시며 구원자이신 예수님이 그들에게 다음과 같이 말씀하셨다.

내 마음이 매우 고민하여
죽게 되었으니
마 26:38

그리고 그들에게 자기 옆에 머물러 지켜보면서 기도하도록 요청하셨다. 만주의 주께서 자신이 이용할 수 있는 다른 어떤 수단보다 더 큰 능력이 '기도'에 있다는 사실을 아셨다.

예수께서 행하신 모든 이적들에도 불구하고, 성육신하신 하나님으로서 모든 창조 세계를 다스리시는 분명한 능력에도 불구하고, 어떻게 예수님의 영혼이 죽을 지경에 이른 것일까? 예수님은 이때가 자기에게서 지나가기를 원하셨다. 예수님은 우리도 그런 유혹에 직면하리라는 것을 알고 계셨다. 예수님은 인간적인 유혹과 맞서 싸운 감람산, 피땀 흘릴 만큼 고뇌하며 눈물을 쏟으신 바로 그곳에서 몇 주일 뒤에 하늘로 올라가셨다.

우리는 그 끔찍한 희생을 달게 받으신 예수님의 인내와 헌신에 깊이 사로잡히고 끌린다. 예수님의 인내와 헌신은 오직 예수님께 소망을 두고 계속 나아가고자 하는 강력한 힘을 우리 안에 놀랍게 불러일으킨다. 그렇지만 실제 삶과 환경에 직면했을 때 우리가 예수님을 더 닮아가기보다 인생이 그저 '잘' 돌아가기를 바란다는 사실을 깨닫는다. 그러나 결국 기쁨에 이르는 다른 지름길이 없다는 것을 성경 전체를 통해 깨닫는다.

우리는 하나님께서 하나님과 우리의 관계가 더 깊어지도록 하기 위해 그 관계를 혼란스럽게 하시고, 불만스럽게 하시고, 나쁘게 하신다는 사실을 발견한다. 우리는 자신을 혐오하기에 이를 정도로 낙심하기도 한다. 그러나 예수님은 우리 때문에 계속 실망하시면서도 우리에게 소망을 잃지 말라고 말씀하신다. 예수님은 하나님께서 계획을 가지고 계시며 우리가 보지 못하는 방식으로 그 계획을 펼쳐나가신다는 확신을 주신다. 예수님은 우리가 그 점을 알고 살아가기를 바라신다.

예수님은 자신이 하나님의 계획을 알고 있을 때조차 아파했고, 고뇌했고, 그 계획을 바꿔달라고 하나님께 청했고, 자신의 영혼이 주저앉을 정도로 부서졌지만 소망을 잃지 않았다는 점을 보여주신다. 예수님은 자신을 세상에 보내신 하나님의 목적에 초점을 맞춘 자신의 삶을 통해, 우리가 가장 깊이 갈망하는 것이 하나님을 위해 살고, 하나님나라를 이루어가고, 하나님과 관계를 맺는 삶이라고 말씀하신다. 예수님은 우리 인생에서 무슨 일이 일어나든지 오직 하나님께서 참된 소망은 행복이 넘치는 삶에서 나오지 않는다.

의심이 가득해도 믿음으로 걷는 삶,
환경이 어떠하든지 평온하게 걷는 삶에서 나온다.

어떻게 우리 영혼의 공허함을 채워주시는지를 보여주신다.

믿음의 사실들

하나님께서 우리 마음에 우물을 파실 때 수원(Source)에 이르지 못하게 방해하는 흙들을 파내어 쌓아놓으시는 순간이 늘 온다. 그때는 믿음도 소용이 없다. 지금까지 믿어온 하나님이 전혀 신뢰할 수 없는 분처럼 느껴진다. 이혼이 확정되고, 암이 전이되고, 중독증에 빠진 배우자가 결국 재활센터에 들어가고, 방탕한 자녀가 감옥에 갇히고, 압류가 들어오고, 일자리를 얻지 못한다. 하나님께서 나를 위해 무언가 하실 수 있었는데 아무것도 하지 않으셨다는 것을 깨달을 때, 우리의 믿음은 갈피를 잡지 못한다.

하나님께서 앞뒤가 맞지 않게 일하시고, 어처구니없고 엉뚱한 일들을 하시면서 진을 다 빼놓으시고 믿음을 꺾어놓으신다. 하나님께서 아니라고 약속하셨지만 아무래도 인생이 되는 대로 아무렇게나 굴러가는 것처럼 보인다. 하나님께서 정말 우리 삶의 모든 면에 세심하게 관여하신다면 대체 왜 이렇게 너무 많은 일들을 그냥 내버려두시는 것처럼 보이는 것일까? 가뜩이나 텅 비어 있는데 하나님께서 한술 더 떠서 우리를 더 비워내시는 것처럼 말이다.

그렇다. 하나님은 정말 그렇게 하고 계신다. 하나님께서는 우리 마음에 생수의 우물을 파고 계신다. 마음을 가득 메운 더러운 흙, 곧 수원에 이르지 못하게 방해하는 흙을 파내는 것이야말로 우물을 파기 위한 유일한 방법이다. 우리는 그 과정에서 몇 가지를 배운다.

첫째, 이 땅의 삶에 대한 욕구들을 버려야 한다. 쉬운 일이 아니다. 사실 우리에게는 불가능이 없는 하나님이 필요하다. 왜냐하면 우리 영혼의 상태를 고려할 때 하나님이 없으면 이 믿음의 교훈을 배우는 것이 불가능하기 때문이다. 만일 우리가 우리 인생을 향한 하나님의 목적을 정말 이루기 원한다면 자신의 목적을 기꺼이 포기할 것이다. 영적으로 성장하는 삶은 믿음에서 가장 중요한 요소가 된다.

그러나 내 힘으로는 나의 목적을 포기하지 못한다. 그래서 우리에게 예수님이 계신 것이다. 또한 성령님도 우리를 안내해주신다. 자신의 목적을 기꺼이 포기하는 것, 거기서 모든 것이 시작된다. 맡김이 시작된다. 모든 것들을 하나님께 맡기는 삶, 모든 것들을 내 손에서 놓는 삶이 시작된다.

무언가 잃었을 때 몹시 슬퍼해도 괜찮다. 예수님은 단 한 번도 고통을 감추라고 하지 않으셨다. 예수님 자신도 고통을 감추지 않으셨다. 그런데 왜 우리가 그렇게 하기를 기대하시겠는가? 예수님은 우리와 참된 관계를 맺기 원하신다. 그 이상도 이하도 아니다.

둘째, 고통을 인정해야 한다. 자신을 텅 비워내는 삶은 그 자체로 고통을 낳는다. 사실 우리는 자신을 다 비워내고 공허함의 한가운데 있을 때 우리가 그 고통을 견디고 살아남지 못하리라는 결론에 이른다. 그 말은 옳다. 자신을 텅 비워낸다는 것은 옛 삶을 다 쏟아내는 것이다. 그러나 그렇게 해야 하나님께서 새롭게 만드실 수 있다. 하나님께서 그렇게 하시겠다고 약속하셨다. 따라서 하나님께서 당신의 마음을 마구 찢으시는 것 같은 느낌이 들 때 놀라지 말라. 왜냐하면 하나님께서 "새 영을 너희 속에 두고 새 마음을 너희에게 주되 너희 육신에서 굳은 마음을 제거하고 부드러운 마음을 줄 것이기"(겔 36:26) 때문이다.

고통은 우리의 믿음이 약하다는 증거가 아니다. 우리가 인간임을 나타내는 표시이다. 고통은 과정의 일부이다. 십자가에서 그랬고 당신의 삶에서도 그렇다.

어떤 사람이 완전히 깨어지기 전에 하나님께서 그 사람을 크게 들어 쓰실지 의심스럽다.

- C. S. 루이스(C. S. Lewis)

좀이나 녹이 슬지 않고(마 6:20) 진정으로 경이로운 것들을 발견하는 일은 흔히 우리가 온갖 시련을 겪은 뒤, 그리고 끔찍한 위기를 견뎌낸 뒤에 이루어진다. 이것은 하나님의 방식이지 우리의 방식이 아니다.

셋째, 미래에는 과거가 없다. 제대로 이해하기만 한다면 이것은 믿음을 가장 크게 바꾸어놓는 개념일 것이다. 왜냐하면 과거에 지은 죄를 생각에서 떨쳐버리지 못하도록 하는 원수가 있기 때문이다. 여인이 마침내 깨달았듯, 그녀가 예수님을 만났을 때 예수님은 그녀의 과거와 그녀가 어떻게 우물로 나왔는지 조금도 상관하지 않으셨다. 그녀는 과거에 집중하면서 새로운 지침을 구하는 대신 자신의 인생을 향한 하나님의 목적을 가지고 복음(Good News)을 전하기 위해 나아갔다.

자신을 비워야 하나님께서 채워주실 수 있다. 하나님께서 우리 안에 하나님의 목적을 가득 채워주시고 우리가 어떤 대가를 치르더라도 하나님의 계획에 순종하며 나아갈 때 아무것도 그것을 막을 수 없다.

> 내가 확신하노니 사망이나 생명이나
> 천사들이나 권세자들이나
> 현재 일이나 장래 일이나 능력이나
> 높음이나 깊음이나 다른 어떤 피조물이라도
> 우리를 우리 주 그리스도 예수 안에 있는
> 하나님의 사랑에서 끊을 수 없으리라
>
> 롬 8:38,39

하나님께서 우리에게 회개하면 용서해주시겠다고 약속하셨는데 왜 자신을 용서하지 못하는가? 우리가 과거에 지은 죄를 하나님께서 멀리 치워버리셨는데 왜 그렇게 느끼지 못하는가?

동이 서에서 먼 것같이
우리의 죄과를
우리에게서 멀리 옮기셨으며
시 103:12

하나님 앞에 우리의 죄를 자백하면, 하나님께서 우리 죄를 기억하지 않으시겠다고 하시는데 왜 기억하는가?

나 곧 나는 나를 위하여
네 허물을 도말하는 자니
네 죄를 기억하지 아니하리라
사 43:25

하나님의 방식 신뢰하기

우리는 우리가 혼자가 아니라는 점과 우리 영혼을 위해 싸우는 영적인 영역이 있다는 점을 잊어버리는 것 같다. 우리가 하나님 앞에 자신을 텅 비워낸다면 그런 공허한 상태가 계속된다고 하는 교활한 거짓말을 믿는다. 하나님께서 우리를 사랑하지 않으시고, 우리를 버리셨으며, 우리가 헛되이 자신을 비우고 있다는 거짓말이다. 우리는 원수가 계속 공격하고 있으며 전투가 벌어지고 있다는 점을 알아차리지 못한다. 물론 영적인 전투이다. 하나님 앞에서 자신을 비워낼 때 우리의 빈 곳을 원수의 거짓말로 가득 차게 두지 말라.

우물로 갔을 때 하나님께서 내 인생에 깊숙이 들어오시도록 믿고 따라야 한다. 우리는 그 우물에서 인생길을 걸어가기에 꼭 필요한 믿음으로 충만해질 수 있기 때문이다. 그러나 고통과 아픔의 시기를 지나는 동안, 하나님께서 그것을 완전히 없애주시는 것이 아니라 하나님의 평안과 기쁨으로 붙들어주기 원하신다는 사실을 깨달을 때 자기도 모르게 낙심할 수 있다. 우리가 상상하지 못한 일이 일어날 때, 그리고 하나님께서 우리가 생각하는 방식대로 일하시지 않을 때 우리는 낙심한다. 우리의 시각은 세상의 방식을 따라 왜곡되고 우리는 하나님의 방식을 신뢰하지 못해 힘들어한다.

우리는 이 땅에서 겪는 고통을 없애는 방법을 찾아내려고 애쓴다. 그러나 그래서 더 허무하고 쓰라린 결과에 이른다. 믿음에 관한 사실을 믿는 것이 아니라 거짓말을 믿는다. 아무 일도 하지 않고 가만히 서서 능력으로 역사할 기미조차 보이지 않는 하나님을 의지하는 태도가 무의미해 보인다는 결론을 내린다. 그래서 무언가 꼭 하라고 자신을 설득한다! 자기도 모르게 하나님보다 앞서간다. 그러면서 왜 하나님을 발견하지 못하는지, 혹은 왜 하나님이 너무 멀리 뒤처져 계신지 의아해한다. 하나님의 뜻에 일치하는 삶과 하나님의 뜻을 이루어가는 삶을 살게 해달라고 기도하는 것이 아니라 내 방식을 인정해달라고 계속 기도한다.

그러나 나를 비워낼 때 온전히 변화될 수 있다고 확신한다면 어떤 일이 일어날까? 지금 겪는 고통이 세상을 바꾸어 놓을 잠재력을 지닌 영적 변화를 향해 가는 오솔길이라고 확신한다면 어떤 일이 일어날까? 분명히 지금의 고통을 견뎌낼

공
허
함

··· 우리 **믿음**의 크기를 보여주시기 위한
하나님의 방법

수 있을 것이다. 예수님도 그러셨다. 예수님은 최종 결과를 아셨고 그렇기 때문에 고난을 견디셨다. 예수님은 하나님의 계획을 믿으셨고, 어떤 대가를 치르더라도 그 계획을 이루는 데 전념하셨다.

생수를 마실 수 있다!

잘 들어라. 복음의 능력은 우리의 내면에 따뜻하고 포근한 느낌을 낳는 능력이 아니다. 만일 그것이 복음의 목적이라면 우리는 그리스도인으로서 복음을 부끄러워해야 할 것이다. 그러나 복음의 메시지가 인생을 바꾸어놓고, 생명을 가져다주고, 죽어 마땅한 죄인들을 위한 영원한 행복을 낳는 부활을 가져오는 능력이라면 우리는 복음을 부끄러워해서는 안 된다. 산꼭대기로 올라가 큰 소리로 담대히 복음을 외쳐야 할 것이다. 우물에서 예수님을 만날 때, 그래서 예수님이 누구이시며 무엇을 하셨는지 확실히 깨달을 때, 사마리아 우물가의 그 여인처럼 물동이를 버려두고 다른 사람들에게 달려가 생수를 마실 수 있다고 전할 것이다.

만일 우리가 공허함의 목적을 있는 그대로 보려는 마음을 품는다면 공허함을 하나님을 만날 수 있는 기회로 여길 것이다. 갈증이 심할수록 더 열렬히 생수를 찾게 된다는 것을 분명히 이해할 것이다. 자기 스스로 왜 우물을 파고 있는지 분명히 깨달을수록 더 철저히 회개하게 되고 안에서부터 변화될 수 있을 것이다. 죄책감과 죄로 인한 수치심을 하나님께 안심하고 맡겨도 괜찮다. 하나님께서는 그것들을 어떻게 처리할지 알고 계신다. 우리를 짓누르는 힘을 하나님께서 없애주실 것이라고 믿어라. 실망스러운 일이 생기면 실망하라. 실망스러운 일 때문에 슬프면 슬퍼하라. 단, 그런 다음에는 하나님께서 가득 채워주실 것을 믿고 따라가라.

꼭 알아두라. 자신을 얼마나 비우느냐에 따라 그만큼 채워질 것이다. 그것이 믿음에 관한 사실이다. 잔이 절반쯤 비어 있든지 차 있든지, 일단 다 쏟아내야 가득 채울 수 있다. 믿음이 우리 인생을 예쁜 포장지로 감싼다는 거짓말 따위는 믿지 말라. 믿음은 그런 일을 하지 않는다. 인생의 가장 어려운 문제들에 대한 단순한 해결책이나 쉬운 대답은 없다. 우리가 공허함을 느낄 때 오직 하나님만이 대답을 갖고 계신다는것을 확신하라. 오직 하나님 한 분만이 우리의 아픈 마음, 공허한 삶, 가득 채워지는 길을 찾는 우리의 영혼을 이해하신다.

하나님은 우리를 우물(Well)로 데려가기 원하신다. "그런 물을 내게 주세요!"라고 깊이 갈망하며 청하는 우리의 목소리를 듣고 싶어 하신다. 우리의 영을 흔들어서 하나님께 다시 다가가도록 만드는 것은 우리가 느끼는 공허함, 우리의 모든 생각을 사로잡는 목마름이다. 공허함과 목마름은 우리 믿음의 크기를 보여주시기 위한 하나님의 방법이다. 믿음은 헛되거나 미덥지 못한 것이 아니다. 하나님은 우리가 정체 모를 어둠 속으로 성큼 들어가라고 요구하지 않으신다. 믿음은 하나님의 말씀, 생수를 신뢰하는 것이다. 하나님은 우리에게 공허함이 가장 필요한 바로 그 순간, 우리의 삶에 공허함을 허락하신다. 여인은 타는 갈증 때문에 우물로 갔고, 바로 그때 예수께서 거기 앉아 계셨다. 공허함은 우리가 하나님을 만날 수 있도록 준비되어 있었던 것이다.

생수는 당장의 갈증을 풀어주는 그 이상의 일을 한다. 생수 덕분에 우리는 계속 만족할 수 있고 믿음으로 걸을 수 있다. 생수를 마시면 더 깊은 시야를 가질 수 있고 하나님이 주시는 복을 기대해도 좋다는 사실을 깨닫게 된다. 생수를 마시면 인생에서 맞닥뜨리는 모든 상황에서 하나님께서 공급해 주시는 자원을 쓸 수 있다. 우리가 우물로 가면 거기에 생수가 있다. 우리가 목마를 때 생수가 기다리고 있다는 사실을 깨닫는다.

chapter 07

생수의 본질

○

하나님께서는 우리가 공허함에 짓눌려 있고 목말라할 때 생수를 쏟아부어 주신다.

오호라 너희 모든 목마른 자들아

물로 나아오라

돈 없는 자도 오라

너희는 와서 사 먹되

돈 없이, 값없이 와서 포도주와 젖을 사라

사 55:1

그리고 우리는 기다리고 기대하던 약속을 발견한다.

의에 주리고 목마른 자는 복이 있나니

그들이 배부를 것임이요

마 5:6

이 말씀에서 우리 영혼이 붙잡아야 하는 핵심어는 "복이 있다"는 단어와 "배부르다"라는 단어이다. 예수님의 말씀이 우리 영혼 깊은 곳에 메아리쳐 울려 퍼질 때 우리의 갈증이 사라지고 공허함이 가득 채워진다.

성령과 신부가 말씀하시기를 오라 하시는도다

듣는 자도 오라 할 것이요 목마른 자도 올 것이요

또 원하는 자는 값없이 생명수를 받으라 하시더라

계 22:17

예수님은 목마르면 그 우물로 오라고 손짓하신다. 그러나 우리는 자주 그곳으로 가지 못한다. 성급한 마음에 다른 길로 간다. 메마른 광야로 곧장 들어갈 때도 많다. 우리는 예수님께 들은 말씀과 성경에서 본 믿음의 삶의 모습이 현실에서 실제 경험으로 아는 것들과 매우 다르기 때문에 예수님의 말씀과 하나님의 약속에 깊이 잠기지 못한다. 모든 것이 우리의 유익을 위해 작용하리라는 것을 확신하지 못한다. 사실 우리가 말씀대로 살아가는 삶에 싫증을 내기 때문에 축복받지 못하고 가득 채워지지 못하는 것이다. 축복받고 가득 채워지는 삶과 정반대로 공허함을 느끼는 것이다.

그러나 문제는 그 무엇도 공허한 상태로 오래 남아 있지 않는다는 것이다. 공허함은 자신을 채워달라고 요구한다. 우리가 우물로 나아가 생수로 가득 채우겠다고 결단하지 않는 한, 우리 영혼이 진정한 만족을 주지 못하는 것들로 자신을 채워달라고 요구한다는 것을 알 수 있을 것이다.

우물가의 여인은 자신의 삶을 눈앞에 떠올려보았다. 그리고 예수님의 간결하고, 은혜롭고, 죄를 깨우치는 말씀에 자신의 영혼이 변화되는 것을 느꼈다. 우리의 인생도 바로 그와 동일한 방식으로 변화될 수 있다. 그러나 그 여인처럼 변화되기 원한다면 예수님이 우리에게 뭐라고 말씀하시는지 깨달아야 한다. 예수님은 지금 우리가 겪고 있는 모든 일들에 대해 무언가 말씀하신다. 예수님은 우리에게 하실 말씀이 있으시고 그뿐만 아니라 예수님 바로 그분이 말씀이시다.

그분, 그 말씀

사도 요한은 말씀이신 예수님을 소개한다.

태초에 말씀이 계시니라
이 말씀이 하나님과 함께 계셨으니
이 말씀은 곧 하나님이시니라
그가 태초에 하나님과 함께 계셨고
만물이 그로 말미암아 지은 바 되었으니
지은 것이 하나도 그가 없이는 된 것이 없느니라
그 안에 생명이 있었으니 이 생명은 사람들의 빛이라
빛이 어둠에 비치되 어둠이 깨닫지 못하더라…
말씀이 육신이 되어 우리 가운데 거하시매
우리가 그의 영광을 보니 아버지의 독생자의 영광이요
은혜와 진리가 충만하더라…

본래 하나님을 본 사람이 없으되

아버지 품속에 있는 독생하신 하나님이 나타내셨느니라

요 1:1-5,14,18

우리는 예수님이 누구신가 하는 요한의 이해에 이의가 없다. 왜냐하면 예수님이 직접 선언하셨기 때문이다.

나를 본 자는

아버지를 보았거늘

요 14:9

문제는 "예수님을 본 적이 있는가?" 하는 것이다. 우물에 간 적이 있는가? 가장 최근에 우물에 갔을 때가 언제였는가? 우리는 〈Speak, O Lord, Thy Servant Heareth〉(오 주여 말씀하소서, 주의 종이 듣겠나이다) 찬송의 가사를 통해 생수의 본질을 본다.

오 주여 말씀하소서. 주의 종이 듣겠나이다

주의 말씀에 주의를 기울입니다

주의 말씀은 생명과 영을 낳고

주의 모든 말씀이 진실로 진리입니다

죽음의 두려운 힘이 내 안에 가득하니

예수여, 영원토록 주께 매달리도록

주의 생명의 말씀이 사랑의 강렬한 열정을

내 영혼에 가득 채우게 하소서

아, 주님과 가까이 지내며

주님 음성을 듣는 인생이 얼마나 놀라운 축복인가

주님을 사랑하고 두려워하여

주님 말씀을 가장 귀하게 여기게 하소서!

주여, 죄인들의 마음이 종종 단단히 굳고

주님 말씀에 두려움에 질리지만,

주님 말씀은 죄 때문에 근심하는 자에게

달콤한 위로와 소망을 줍니다

주여, 주님 말씀은 생수이오니

그 말씀으로 내 갈급한 필요를 채웁니다

주여, 주님 말씀은 생명을 주는 빵이니

내 영혼이 그 말씀 먹고 삽니다

주여, 사망의 골짜기와 두려운 밤을 지날 때

주님 말씀이 빛이 될 것입니다

주님 말씀은 나의 승리의 검,

기대에 어긋나지 않는 기쁨의 잔입니다

귀하신 예수여, 간청하오니

내가 하늘로부터 오는 선물로 비옥해져서

주님을 위한 열매를 맺을 수 있게

주님 말씀이 내 안에 뿌리내리게 하소서!

주님을 있는 그대로 뵈올 때까지

천국의 축복과 영광 속에서

주님을 만나 예배할 때까지

그 말씀들 내 마음에서 가져가지 마소서

- 안나 소피아(Anna Sophia), Der Truer Seelen-Freund Christus Jesus (Jena, Germany: 1658)

하나님의 말씀은 하나님의 숨결의 결과물이다. 하나님의 말씀은 생명을 준다. 우리는 가득 채워지기 원하고, 예수님은 우리가 확실히 이해해야 하는 무언가를 말씀하신다.

살리는 것은 영이니 육은 무익하니라
내가 너희에게 이른 말은 영이요 생명이라
요 6:63

예수님의 말씀으로 우리의 공허한 영혼을 가득 채워야 한다. 예수님이 누구이신지 밝혀주신 말씀으로 텅 빈 영혼을 가득 채워야 한다. 오직 그 말씀만이 만족을 준다. 인생을 향해 선포하신 예수님의 말씀은 유용하고 유익하다. 예수님의 말씀으로 가르치고, 잘못된 점을 논리적으로 짚고, 죄를 깨우치고, 설득하고, 바로잡고, 굽은 것을 곧게 펼 수 있다. 예수님의 말씀이 텅 빈 것을 가득 채운다는 것을 확신할 수 있다.

예수님의 말씀은 우리를 예수님께 이끈다. 그럴 때 예수님의 말씀이 우리를 바꾼다. 예수님이 만족을 주는 생수로 우

우리를 우물로 이끄는 것은

갈증이 아니라

예 수 님 바로 그분이다.

리의 공허함을 가득 채우실 때, 거짓을 진리로 바꾸는 과정을 통해 영적 변화가 일어난다. 예수님은 공허한 우리를 위해 기도하셨다. 그분은 공허한 우리에게 무엇이 필요한지 알고 계셨다.

그들을 진리로 거룩하게 하옵소서
아버지의 말씀은 진리니이다
요 17:17

생수로 가득 채워지는 삶

우리에게는 하나님으로부터 오는 계시가 필요하다. 인생을 우리의 눈으로 바라보지 않고 하나님의 눈으로 바라볼 수 있게 하는 하나님의 계시가 필요하다. 하나님의 영은 우리 삶을 바꿔놓으신다. 우리가 하나님을 더욱더 닮아가게 만드시려고 하나님의 말씀을 사용하신다. 우리는 세상의 온갖 거짓말들이 뭐라고 말하든지, 우리가 이 세상에 있는 것이 오직 그리스도를 이해하기 위해서라는 점을 반드시 깨달아야 한다. 사마리아 여인과 같이 오직 그리스도를 이해하는 한 가지 목적과 살아 계신 하나님을 만나는 한 가지 만남을 위해 살아가야 한다. 우리 인생의 목적은 하나님께서 하신 말씀으로 확정되어 있고, 그 사실을 이해할 때 우리는 충만한 믿음에 이를 것이다.

모든 성경은 하나님의 감동으로 된 것으로
교훈과 책망과 바르게 함과 의로 교육하기에 유익하니
이는 하나님의 사람으로 온전하게 하며
모든 선한 일을 행할 능력을 갖추게 하려 함이라
딤후 3:16,17

하나님의 말씀이 없다면 우리는 존재하지 않을 것이다. 하나님의 목적이 없다면 우리 인생은 무의미할 것이다. 우리가 하나님께서 창조하신 목적을 따라 살지 않으면 우리는 공허함을 느낄 수밖에 없다.

인간은 하나님의 말씀 없이 살아가지 못한다. 지금 만일 하나님의 말씀 없이 살아가고 있다면, 당신이 깨닫든지 깨닫지 못하든지 당신은 공허하다. 내 인생을 향한 하나님의 목적을 따라 살고 다시는 목마르지 않게 가득 채워지기 위해서는 영적 자양분, 곧 하나님의 말씀이 꼭 필요하다.

대체 어떻게 해야 생수로 가득 채워질 수 있을까? 생수로 가득 채워지기 위해서 우리는 몇 가지를 배워야 한다. 생수로 가득 채워지는 삶은 인생길 여기저기에서 목마름을 푸는 것이 아니다. 생수로 가득 채워지는 삶은 우물의 수원(Source)에 연결된 상태를 계속 유지하는 것이고, 우물에 계속 남아있는 삶이다. 우리는 모든 시대를 아울러 사람들이 가장 자주 암송한 말씀, 인생을 변화시키는 놀라운 말씀의 의미를 좀 더 분명하게 파악해야 한다.

너희가 내 안에 거하고

내 말이 너희 안에 거하면

무엇이든지 원하는 대로 구하라

그리하면 이루리라

요 15:7

우리는 이 구절의 후반부 말씀을 매우 기뻐한다. 그러나 우리가 예수님 안에 거하고 예수님의 말씀이 우리 안에 거한다는 전반부 말씀에 대해서는 확신하지 못한다. 예수님의 이 말씀은 무슨 뜻일까? 이 약속대로 이루어달라고 하나님께 구하고 이 말씀이 약속하는 보상을 얻으려면 어떻게 해야 할까? 다음의 세 가지를 하면 우리가 예수님 안에 거하고 예수님의 말씀도 우리 안에 거하게 된다.

첫째, 하나님의 말씀을 진리로 받아들인다. 하나님의 말씀, 성경, 하나님의 약속을 우리 인생의 권위자로 삼아야 한다. 하나님의 말씀을 나침반으로 삼아 인생의 방향을 찾아야 하며 모든 결정의 유일한 조언자로 삼아야 한다. 모든 일을 처음부터 끝까지, 계속 하나님의 말씀대로 해야 한다. 처음에 하나님께서는 말씀으로 생명을 주셨다. 따라서 하나님의 말씀으로 최종 결론을 내려야 한다.

하나님의 말씀을 따라 살면 인류의 타락 때문에 생긴 인간의 결함을 극복하는 데 도움을 받는다. 우리는 고통과 괴로움의 한가운데서, 깊은 공허함 속에서 믿지 못할 수단들을 의지한다. 사회, 이성, 감정을 의지하는 경향이 있다. 우리를 곁길로 인도하지 않을 표준, 인생 여정을 위한 완벽한 지침이 필요하다. 솔로몬은 우리가 무엇을 알아야 하는지 정확하게 말한다.

하나님의 말씀은
결함이 없고

잠 30:5, NIV 역자 사역

사도 바울은 더 나아가 하나님의 말씀이 우리 삶에 어떤 역할을 하는지 설명한다.

모든 성경은 하나님의 감동으로 된 것으로
교훈과 책망과 바르게 함과 의로 교육하기에 유익하니
이는 하나님의 사람으로 온전하게 하며
모든 선한 일을 행할 능력을 갖추게 하려 함이라

딤후 3:16,17

인생을 살면서 할 수 있는 가장 중요한 결정은 하나님의 말씀을 인생의 권위자로 선언하는 것이다. 일상에서 행동하고 말하는 모든 것을 하나님의 말씀으로 걸러내야 한다. 하나님의 말씀을 이해할 수 있든지 없든지, 순종하고자 하는 느낌이 들든지 안 들든지, 하나님의 성품을 신뢰함으로 하나님의 말씀을 신뢰하겠다고 결단해야 한다.

둘째, 깊이 마신다. 성경을 그냥 '믿는' 것으로는 충분하지 않다. 인생이 완전히 뒤바뀔 정도로 마음에 가득 채워야 한다. 성경 말씀을 읽어야 하고, 성경 말씀을 놓고 기도해야 하며, 성령께서 성경 말씀을 통해 하나님의 마음을 계시하시는 대로 따라야 한다. 그래야 온전히 변화될 수 있고 가득 채워질 수 있다. 그렇게 하기 위해서는 모든 교만을 버리고 하나님의 말씀을 그대로 받아들이는 태도가 필요하다.

야고보서는 겸손한 마음으로 하나님의 말씀을 받아들이는 태도의 중요성에 대해 말한다.

하나님께서 여러분의 마음에 심으신

말씀을 겸손하게 받아들이십시오.

그 말씀에 영혼을 구원하는 능력이 있기 때문입니다.

약 1:21, NLT 역자 사역

말씀에는 영혼을 구원하는 능력이 있다. 말씀이신 예수님은 영혼을 구원하는 능력을 갖고 계신다. 일상을 세심하게 점검해야 한다. TV를 보거나 소설을 읽으며 얼마나 많은 시간을 보내는가? 다양한 여가 활동에 얼마나 많은 시간을 소비하는가? 그에 비해 하나님의 말씀을 읽고 묵상하는 데 얼마나 많은 시간을 드리는가? 하나님께서 우리 삶의 영역들을 깊이 파헤치실 때 우리는 불편한 심기를 드러낼 수 있다. 하나님께서 그 지점을 파헤치지 않으시면 좋겠다고 생각한다. (우리는 인생의 그 부분을 너무 좋아하기 때문에 하나님께서 바꾸지 않고 그냥 두시기를 바란다.) 그러나 우리가 하나님의 말씀을 읽고 묵상할 때, 하나님과 연결되어 있을 때 일상의 삶에 절실히 필요한 하나님의 음성을 듣는다는 사실을 이해하지 못한다.

하나님께서는 다음과 같이 분명하게 말씀하셨다.

평생에 자기 옆에 두고 읽어
그의 하나님 여호와 경외하기를 배우며
이 율법의 모든 말과 이 규례를 지켜 행할 것이라
신 17:19

이 말씀이 우리가 생수의 수원에 이르지 못하게 막고 있는 우리 삶의 더러운 흙들을 퍼내시는 하나님의 첫 삽일 거라고 생각해도 좋다. 하나님의 말씀을 매일 읽으며 그 말씀에서 배우고 있는가? 만일 그렇다면 하나님께서 당신을 인도하고 계신다고 확신해도 좋을 것이다. 믿음으로 기다리면 하나님께서 침묵을 깨실 것이고, 물길이 여러 갈래로 갈라져 흐를 것이며, 구원을 보장받을 것이다. 믿음으로 하나님을 기다리면 구출되는 것은 시간문제일 뿐이다. 우리는 하나님의 말씀을 통해 만족할 때까지 가득 채워지리라는 약속을 받는다.

정말로 행복한 사람들은
자유를 주는 하나님의 완벽한 율법을
주의 깊게 공부하는 이들입니다.

그런 사람들은 하나님의 율법을 계속 공부합니다.
들은 말씀을 잊지 않을 뿐 아니라
하나님의 가르침에 순종합니다.
그렇게 하는 사람들은 행복할 것입니다.

약 1:25, NCV 역자 사역

생수를 깊이 들이마실 때 얻는 유익은 끝이 없다. 그 우물은 바닥을 드러내지 않는다. 끝없이 솟아나는 샘이다.

셋째, 말씀을 듣고 행한다. 하나님의 말씀을 읽고 들어도 인생이 변화되지 않는 경우가 있다. 우리는 다시 목마르지 않기 위해서 하나님께서 쏟아부어 주신 것들을 다른 사람들에게 쏟아내야 한다.

너희는 말씀을 행하는 자가 되고
듣기만 하여 자신을 속이는 자가 되지 말라

약 1:22

여기서 우리는 이웃들에게 빈 그릇들을 빌려와 기름을 가득 채운 과부 이야기로 돌아간다. 만일 그녀가 이웃들에게 빈 그릇을 빌려와 기름을 부으라는 엘리사 선지자의 말만 듣고 그렇게 행하지 않았다면 '비움의 원리'를 이해하지 못했을 것이고, 풍성하게 공급하시며 빈 그릇들을 가득 채워주시는 하나님의 이적을 놓쳤을 것이다. 생수를 깊이 마시지 않고 다른 사람들에게 쏟아내는 것은 무의미하다. 축복은 생수를 깊이 들이마신 뒤에 하나님께서 쏟아부어 주신 것들을 다른 사람들에게 다 쏟아내는 데 있다.

너희가 이것을 알고 행하면
복이 있으리라
요 13:17

우물가의 여인은 예수님의 말씀을 듣고 나서 예수님이 누구신지 다른 사람들에게 전하기 위해 물동이를 버려두고 달려갔다. 그녀는 예수님의 말씀을 가지고 무언가를 했다.
장차 우리가 하나님의 크신 보좌 앞에 나아갈 때 하나님

"너희가 내 안에 거하고
　내 말이 너희 안에 거하는 것"

하나님께서는 우리의 삶이
생수, 곧 하나님으로 가득 채워지기를 바라신다.

께서 중요한 질문을 하실 것이다.

"너는 예수와 무엇을 했니?"

당신은 예수님에 대해 받은 계시로 무엇을 했는가? 그 진리의 빛 가운데서 어떻게 살았는가? 그 진리를 자신을 위해 감추어두었는가, 아니면 다른 사람들에게 나눠주었는가? 당신은 당신의 삶으로 당신이 예수님을 만났다는 증거를 내놓았는가? 이것은 장차 우리가 마지막으로 치르게 될 시험의 어려운 문제이다.

예수께 오라, 예수를 마셔라, 예수와 살라

우리는 생수를 통해 우리 삶의 목적이 성취되도록 해야 한다.

성경은 우리의 지식을 늘려주려고 주신 것이 아니라 우리의 인생을 바꿔놓으시려고 주신 것이다.
- D. L. 무디(D. L. Moody)

"내 삶은 하나님의 말씀, 성경, 하나님의 약속, 진리로 변화되었는가?"

만일 당신의 삶이 변화되었다면 결코 목마르지 않을 것이다. 단지 세상살이에 기진맥진하고 생수를 더 많이 마실 필요가 있기 때문에 공허하다고 느껴져 목말라하게 될지(get thirsty) 몰라도 결코 목마르지 않을 것이다. 생수는 영혼을 씻고, 깨끗하게 하고, 거룩하게 한다(엡 5:26). 완벽한 만족을 준다. 절대로 고갈되지 않는다.

나를 믿는 자는 성경에 이름과 같이
그 배에서 생수의 강이 흘러나오리라
요 7:38

공허함은 우리를 밀어붙이고 짓누른다. 그래서 오직 생수만이, 예수님 바로 그분만이 만족을 준다는 진리를 깨닫게 하는 데 이르게 한다.

공허함은 측량할 수 없이 어떤 일도 다하도록 누른다.

너무 강렬하게 누르기 때문에 이겨내지 못할 것처럼 보인다.

영혼과 육신을 누른다.

어둠이 굽이쳐 밀려들 때까지 마음을 누른다.

원수들을 통해 짓누르고 친구들을 통해 누른다.

인생이 거의 끝날 때까지 짓누르고 또 누른다.

오직 하나님만 도우실 수 있다는 진리를 깨닫도록 누른다.

하나님의 지팡이와 막대기를 사랑하도록 누른다.

하나님 외에 무엇에도 매달리지 않는 자유에 이르도록 누른다.

불가능한 것들을 믿는 믿음에 이르도록 누른다.

주님 안에 있는 삶을 살도록 누른다.

그리스도의 생명을 쏟아내는 삶을 살도록 누른다.

- 애니 존슨 플린트(Annie Johnson Flint, 미국의 시인)

하나님께서는 우리의 영혼 안에 오직 하나님을 향한 목마름을 가지도록 창조하셨다.

오직 하나님만이 없어지지 않고 사라지지 않는 우리 영혼의 갈망을 채워주실 수 있다. 하나님께서 하나님을 위해 인간의 마음을 만드셨으므로 오직 하나님만이 그것을 채워주실 수 있다.

● 트렌치(Trench)

예수님과 함께 우물에 앉아 있을 때, 예수님이 목이 말라 그곳에 오신 것이 아니라 당신이 목마르다는 것을 아시기 때문에 거기 계신다는 사실을 깨달을 것이다. 그리고 당신을 우물로 이끈 것이 갈증이 아니라 예수님 바로 그분이라는 사실도 깨닫게 될 것이다. 하나님께서는 당신이 하나님이 주시는 충만함이 아닌 다른 무엇으로도 만족하지 않기를 바라신다. 공허해서 우물로 갈 때, 공허함을 채우려고 애쓸 때 그 사실을 깨달을 것이다. 하나님께서는 당신이 하나님께, 우물로 가까이 오기를 원하신다. 그리고 사랑으로 손짓하신다. "오라, 마셔라, 살아라!"

공허함

초판 1쇄 발행	2016년 9월 5일
지은이	체리 힐
옮긴이	배응준
펴낸이	여진구
책임편집	3팀 ǀ 안수경, 유혜림
편집	1팀 ǀ 이영주, 김수미 2팀 ǀ 최지설 4팀 ǀ 김아진
책임디자인	마영애, 노지현 ǀ 이혜영
기획·홍보	김영하
해외저작권	김나은
마케팅	김상순, 강성민, 허병용, 이기쁨
마케팅지원	최영배, 이명희
제작	조영석, 정도봉
경영지원	김혜경, 김경희
이슬비전도학교	최경식, 전우순
303비전성경암송학교	박정숙, 정나영, 정은혜
303비전장학회 & 303비전꿈나무장학회	여운학
펴낸곳	규장

주소 06770 서울시 서초구 매헌로 16길 20(양재2동) 규장선교센터
전화 02)578-0003 팩스 02)578-7332
이메일 kyujang0691@kyujang.com 홈페이지 www.kyujang.com
트위터 twitter.com/_kyujang 페이스북 facebook.com/kyujangbook
등록일 1978.8.14. 제1-22

ⓒ한국어 판권은 규장에 있습니다.
이 출판물은 저작권법에 의해 보호를 받는 저작물이므로 무단 전재와 무단 복제를 할 수 없습니다.

책값 뒤표지에 있습니다.
ISBN 978-89-6097-463-0 03230

규 ǀ 장 ǀ 수 ǀ 칙

1. 기도로 기획하고 기도로 제작한다.
2. 오직 그리스도의 성품을 사모하는 독자가 원하고 필요로 하는 책만을 출판한다.
3. 한 활자 한 문장에 온 정성을 쏟는다.
4. 성실과 정확을 생명으로 삼고 일한다.
5. 긍정적이며 적극적인 신앙과 신행일치에의 안내자의 사명을 다한다.
6. 충고와 조언을 항상 감사로 경청한다.
7. 지상목표는 문서선교에 있다.

하나님을 사랑하는 자 곧 그의 뜻대로 부르심을 입은 자들에게는 모든 것이 合力하여 善을 이루느니라(롬 8:28)

Member of the
Evangelical Christian
Publishers Association

규장은 문서를 통해 복음전파와 신앙교육에 주력하는 국제적 출판사들의 협의체인 복음주의출판협회(E.C.P.A:Evangelical Christian Publishers Association)의 출판정신에 동참하는 회원(Associate Member)입니다.